D0996863

Bwyd a Gwin
Dylanwad Da

I Tom a Mei,
sydd wedi gorfod byw efo'r Dylanwad!

Bwyd a Gwin

Dylanwad Da

DYLAN ROWLANDS · LLINOS ROWLANDS

Argraffiad cyntaf: 2013

Dymuna'r cyhoeddwyr gydnabod cymorth ariannol
Cyngor Llyfrau Cymru

Rhif Llyfr Rhyngwladol: 978 1 84771 719 1

Argraffwyd a chyhoeddwyd yng Nghymru gan
Y Lolfa Cyf., Talybont, Ceredigion SY24 5HE
gwefan: www.ylolfa.com
e-bost: ylolfa@ylolfa.com
ffôn: 01970 832 304
ffacs: 832 782

Cynnwys

Rhagair

Dylan a Llinos roddodd fy swydd gyntaf i mi, yn gweini yn eu bwyty, Dylanwad Da yn Nolgellau, ond bûm yn bwyta yno'n rheolaidd gyda'r teulu ers iddo agor yn 1988. Roedd gweithio yn Dylanwad Da yn fwy na swydd benwythnos i wneud arian poced. Roedd yn addysg mewn bwyd a gwin. Bachais ar bob cyfle i ddysgu mwy am y grefft o goginio, ac roedd Dylan o hyd yn barod i drafod, annog a rhannu ei ryseitiau.

Mae Dylan wastad wedi annog ei staff i drio popeth ar y fwydlen, gan wybod mai dim ond trwy flasu y byddem yn gallu siarad yn wybodus am y bwyd gyda'r cwsmeriaid. Doeddwn i, wrth gwrs, byth yn cwyno wrth bigo ar y prydau a'r pwdinau blasus.

Doedd Dylan ddim yn mewnforio a gwerthu gwinoedd ei hun pan ddechreuais weithio yno ond, erbyn hyn, mae'r busnes gwin yn ffynnu a byddaf i wastad yn edrych ymlaen at gael mynd adra er mwyn prynu ces o win ganddo – dwi byth yn cael fy siomi.

Dwi'n gwybod y byddaf i'n estyn am y gyfrol hon drosodd a throsodd, nid yn unig i goginio'r ryseitiau hyfryd ond i ddewis gwinoedd ac i bori ynddi am hanes teithiau Dylan i brynu gwin.

Ble arall yng Nghymru y gallwch chi ganfod gwin o wledydd fel Lebanon ac Armenia?

Mae pobol ardal Dolgellau wedi cael y pleser o fwyta bwyd ac yfed gwin Dylan ers pum mlynedd ar hugain, a nawr dyma'ch cyfle chi i'w blasu. Bydd y llyfr yma'n sicr yn ychwanegiad teilwng i silff lyfrau pob cegin.

Elliw Gwawr
Hydref 2013

Cyflwyniad

Bues yn ddigon lwcus i gael teithio gyda fy nheulu o oedran ifanc iawn. Bob blwyddyn, roedd Mam a Dad yn pacio'r car i deithio dramor o Essex am bythefnos i lefydd oedd yn cael eu hystyried yn egsotig iawn yn y dyddiau hynny: Ffrainc, Sbaen, Awstria ac yn y blaen. Magodd hyn ddiddordeb mawr ynof mewn gwledydd tramor ac mewn gwahanol ddiwylliannau, yn ogystal â rhoi dant reit eclectig am fwyd i mi. Prynodd fy rhieni garafán tra oeddwn yn dal yn ifanc. Byddaf yn aml yn meddwl am fy nhad druan yn gyrru'r holl ffordd i Iwgoslafia yn y 1960au pan oedd rhai o'r ffyrdd yn fwy fel traciau, gan weddïo, mae'n siŵr, na fyddai'r car yn torri i lawr.

Cefais fy nghariad at fwyd a chelf gan fy mam. Roedd hi'n ddynes greadigol iawn, yn chwarae gyda geiriau a chaligraffi i greu darluniau hyfryd. Hi oedd yn ysgwyddo baich y rhan fwyaf o'r coginio ar wyliau hefyd, ac roedd yn mwynhau'r dasg, rhaid dweud, hyd yn oed yng nghegin fach gyfyng y garafán, ac roedd amser bwyd yn ddigwyddiad i'w fwynhau. Er hyn, roedd rota i roi brêc iddi a byddwn i a fy nhad yn paratoi swper bob hyn a hyn. Ond doedd fy mwydlen gyntaf i (yr un ar y gwaelod!) ddim llawer o beth!

Rhoddodd hyn y bỳg teithio i mi a'r hyder i fynd ar fy mhen fy hun pan oeddwn yn ddigon hen. Yn y 1980au, ar ôl prifysgol, es i ffwrdd i deithio gan ddechrau yn yr Unol Daleithiau a gweithio fy ffordd i lawr i'r Ariannin, gan fwynhau'r gwahanol fwydydd oedd ar gael yng ngwledydd Canol a De America. Cofiaf y teimlad o gael fy nghyfarch mewn bar neu fwyty. Gwelais y pleser oedd yn bosib ei roi i gwsmeriaid mewn caffi, stondin ar y stryd neu mewn

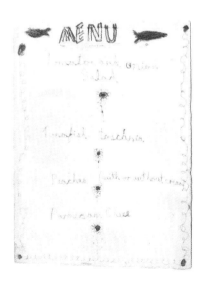

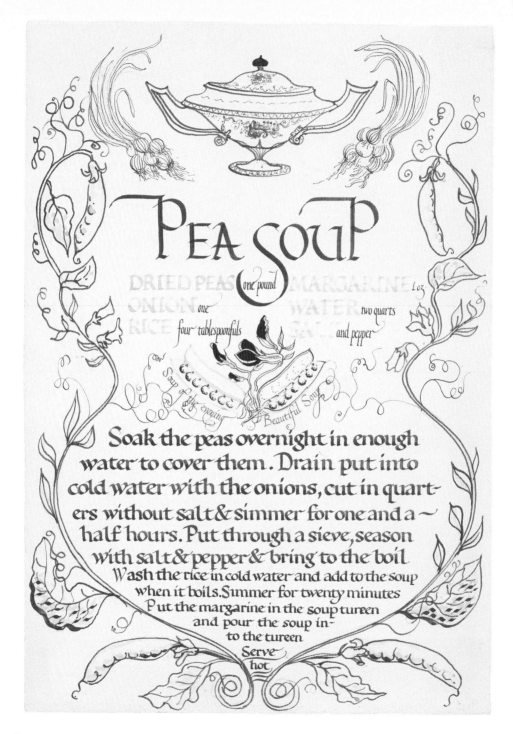

PEA SOUP

DRIED PEAS *one pound* MARGARINE *1 oz*
ONION *one* WATER *two quarts*
RICE *four tablespoonfuls* SALT *and pepper*

Soup of the evening *Beautiful Soup*

Soak the peas overnight in enough water to cover them. Drain put into cold water with the onions, cut in quarters without salt & simmer for one and a ~ half hours. Put through a sieve, season with salt & pepper & bring to the boil Wash the rice in cold water and add to the soup when it boils. Simmer for twenty minutes Put the margarine in the soup tureen and pour the soup in- to the tureen Serve hot

bwyty ffurfiol. Mae pobl yn cofio ambell bryd bythgofiadwy ac un o fy hoff brydau i oedd mewn stryd fach gefn yn Cuzco ym Mheriw, lle casglai merched fin nos i werthu bwyd o fwcedi, a'i roi ar blatiau oedd yn cael eu hystyried yn lân ar ôl eu rinsio mewn bwced arall. Stiw tatws a chig am geiniogau oedd hwnnw ac roedd y merched yn joli ac mor gyfeillgar a'r bwyd yn blasu mor dda. Wna i byth ei anghofio.

Roedd rhyfel y Malvinas newydd ddechrau ac annoeth fyddai loetran yn yr Ariannin, felly trois yn ôl tuag adref. Gwneud fy ffordd yn ôl i Galiffornia wnes i, lle roedd fy chwaer yn byw ar y pryd, cyn dychwelyd i Brydain. Erbyn hyn, roedd pump i chwe mis o fwyta mewn caffis a bariau stryd wedi rhoi'r syniad i mi o ymuno â'r byd arlwyo. Doeddwn i ddim yn siŵr sut na beth yn union ond un peth pendant yn fy meddwl oedd fy mod am symud i Arthog i fyw. Roeddwn i eisiau byw yng Nghymru.

Adeg dirwasgiad yr 80au cynnar roedd chwilio am waith yn anodd ond, fel arfer, mae 'na waith o hyd ym maes arlwyo. Dechreuais trwy weithio fel cymhorthydd cegin mewn gwesty yn Fairbourne ac yna daeth gwaith mewn llefydd eraill, pob un yn cyfrannu at brofiad fyddai'n ddefnyddiol yn nes ymlaen. Roeddwn wrth fy modd!

O fewn chwe mis roeddwn wedi symud ymlaen at rywbeth hollol wahanol, fel prif gogydd mewn plasty o'r enw Abergwynant. Ar ôl cyfnod eithaf byr yno cefais gyfle arbennig i brynu bwyty bach o'r enw La Petite Auberge yn Nolgellau a oedd yn nwylo Evelyn a Yanneke Tonnerre a'u ffrind Georges Dewez. Pan oeddwn yn clirio'r sied yn ddiweddar trawais ar hen arwydd roedd Evelyn wedi ei beintio â llaw. Roedd y cwpl eisiau mynd yn ôl i Ffrainc ac o fewn dau fis, ar yr 31ain o Orffennaf 1988, symudon ni i mewn. Ar yr 2il o Awst, roeddwn ar agor ar gyfer fy noson gyntaf yn rhedeg fy mwyty fy hun.

Treuliais un haf bendigedig ar lan y môr yn gwneud pysgod a sglodion i ddynes glên o'r enw Pat Nunn.

Roedd y dyddiau cynnar yn waith caled ac yn brysur tu hwnt.

Ar ôl y gaeaf cyntaf, daeth yr amser i mi roi fy stamp fy hun ar y lle – lle Cymreig, oedd yn adlewyrchu rhywfaint o'm gwerthoedd. Roedd angen enw i'r bwyty a chynnal cystadleuaeth oedd y penderfyniad, gyda photel o siampên am yr enw gorau. Daeth Sue Roberts o Drawsfynydd i'r brig gyda'r enw Dylanwad Da. Mae'r enw wedi ein gwasanaethu ni'n dda iawn ers 25 mlynedd, er bod fy nhad wedi poeni am anhawster ei ynganu ac mae'n rhaid dweud bod 'na un neu ddau ynganiad od iawn wedi bod dros y blynyddoedd!

Mae'r cam o fod yn *chef* i redeg bwyty yn un mawr. Fel perchennog, roeddwn yn gyfrifol am ddarparu llawer mwy na'r bwyd: yr awyrgylch, addurno'r bwyty, y gweini a'r croeso yn ogystal â'r rhestr win. Rwy'n siŵr bod fy enw yn ddylanwad cryf ar ein dewis cyntaf o win tŷ, sef Rowlands Brook o Awstralia ond gobeithio bod fy sgiliau dewis a dethol wedi datblygu'n sylweddol ers hynny.

Roeddwn yn lwcus yn y dechrau, oherwydd roedd Georges yn dal i fyw ar lawr uchaf y bwyty am rai misoedd tra oedd yn ceisio prynu lle arall i fyw. Rhoddodd lawer o gymorth i ni. Roedd yn bysgotwr o fri, a byddai'n cyrraedd yn ôl o drip pysgota gydag efallai ddeuddeg o benllwydion (*grayling*) i'w rhoi ar y fwydlen: pysgodyn afon blasus iawn. Bryd arall, dangosodd i ni ble i hel madarch Chanterelle yn y coedwigoedd lleol. Ambell noson, ar ôl un o'i dripiau i ryw dref neu ddinas, byddai Llinos a minnau'n clywed ei draed yn dod i lawr y grisiau ar ôl i'r cwsmer olaf adael. Byddai'r tri ohonom yn eistedd ar stolion o gwmpas y bwrdd bach sgwâr yn y gegin, yn bwyta rhyw gaws arbennig roedd wedi ei brynu ac yn yfed sieri neu win coch i fwynhau a chloncian. Cawsom wybodaeth werthfawr ganddo, ac i dalu'n ôl iddo, cyfarfu â chymar oes ar ôl cwrdd â Jane, ffrind Llinos oedd yn ymweld â ni bob hyn a hyn!

Dydi rhedeg bwyty bach fel Dylanwad Da byth yn mynd i'ch gwneud chi'n gyfoethog ond un o'r pleserau mawr yw'r holl ffrindiau rwy wedi'u gwneud: cwsmeriaid ac, yn bennaf, y staff, rhai fel Emma a Chris sydd wedi bod yma yn hirach na fi – ac yn fy nabod i'n well na rwy'n nabod fy hun! Rydym mewn cysylltiad â sawl aelod o staff sydd wedi hen ymadael ac er bod y rhan fwyaf ohonynt yn symud ymlaen ar ôl gorffen eu haddysg brifysgol neu goleg, mae llawer yn dal i fod yn ffrindiau da. Gobeithio ein bod wedi cynnau diddordeb ynddyn nhw mewn bwyd a gwin. Mae'n glwb cinio blynyddol yn dystiolaeth o hynny ac rydym wedi bwyta yn rhai o'r llefydd gorau. Melys yw fy atgofion o eistedd ar fainc yng ngerddi'r Royal Chelsea Hospital gyda Wendy, Lowri, Karen ac Emma, yn slochian Cava rhad o gwpanau plastig cyn mynd i fwyty Gordon Ramsay am ginio prynhawn!

Yn naturiol, mae'n debyg, mae'r ddau fab, Tom a Mei, wedi magu diddordeb mewn bwyd hefyd. Ar ôl cwynion am giniawau ysgol nad oedden nhw prin yn llenwi cornel boliau dau hogyn chwe throedfedd, dechreuais wneud bwyd prynhawn iddyn nhw a'u ffrindiau. Roedd ciniawau Nadolig yn boblogaidd dros ben a byddai sawl ffrind yn dod draw yn eu sgil. Erbyn hyn, mae'r ddau'n mwynhau coginio yn fawr a Tom wedi dilyn cyrsiau gwin.

Cymerodd flynyddoedd i adeiladu'r busnes a rhoi ein stamp ein hunain arno ond, trwy'r amser, tyfai fy niddordeb mewn gwin. I ddechrau, roeddwn yn prynu'r gwin i gyd o un lle ac yn dibynnu'n fawr ar eu hawgrymiadau. Wedyn dechreusom brynu gan wahanol werthwyr a dethol a dewis beth roedden ni'n teimlo oedd yn win da ac yn rhoi gwerth am arian i'n cwsmeriaid.

Yr unig ffordd i ddysgu yw trwy flasu, a gwnaethon ni ddigon o hynny yn y ddyddiau cynnar!

Cofiaf un tro, ar ôl un o'n partïon, a phobl wedi dod â'u poteli gwin eu hunain. Pan oedd Llinos yn clirio'r poteli, galwodd fi allan i weld y gweigion. Roedd y gwin yn dod o bedwar ban byd ac yn arwydd o'r ffordd roedd pethau'n ehangu yn y maes, gyda photeli o'r 'byd newydd' fel Chile, Seland Newydd ac Awstralia.

Yn y flwyddyn 1998 daeth yn bryd i mi lenwi'r bylchau yn fy ngwybodaeth am win gydag addysg fwy ffurfiol. Gyda fy ffrind Mark Watson o westy Penmaenuchaf cofrestrais ar gyfer dosbarth nos blasu gwin yn y Drenewydd. Roedd yn dipyn o daith a'r ddau ohonom yn rhannu'r gyrru, fel bod cyfle i flasu gwin bob yn ail wythnos. Roedd y bŷg wedi brathu go iawn erbyn hyn, a'r flwyddyn wedyn roedd yn rhaid i ni yrru i Fae Colwyn i'r cwrs uwch. Dyna pryd sylweddolais gymaint oedd i'w ddysgu a gwaethygu wnaeth pethau pan benderfynom dreulio dwy flynedd yn teithio'n ôl a mlaen i Lundain i wneud diploma WSET (Wine and Spirit Education Trust). Mae Llinos yn fy atgoffa bob hyn a hyn o'r tro y dychwelais o'r arholiadau blwyddyn gyntaf a dweud mai dyna ddiwrnod gwaethaf fy mywyd – llawer gwaeth na ffeinals prifysgol. Nid oes llawer o brofiadau gwaeth nag eistedd mewn ystafell chwyslyd yng ngorllewin Llundain gyda chwe gwin gwahanol o'ch blaen a chithau'n gorfod ceisio dyfalu beth yn union ydyn nhw!

Ta waeth, rhoddodd hynny hyder i mi fwrw ymlaen i chwilio am winoedd i'w mewnforio ac i ffwrdd â fi i Turin. Wedyn, yn eithaf buan, i Sbaen, Ffrainc ac Awstria. Wrth gwrs, roedd hyn yn rhoi'r cyfle i mi glymu fy nghariad tuag at deithio â bwyd. Maen nhw'n dweud y dylech ddarganfod rhywbeth rydych yn caru ei wneud, ac yna ffeindio ffordd o gael eich talu i wneud hynny. Wel, mae bwyd, gwin a theithio'n gydgysylltiol ac rwy'n trio gwneud yn siŵr pan fydda i oddi cartre 'mod i'n archebu bwrdd mewn bwyty da. Byddaf yn aros mewn gwestai gweddol rad – rwy'n hoff o fargen a dydw i ddim yn ffysi am y llety ond rhaid cael pryd da o fwyd!

Erbyn hyn, mae Dylanwad Da ar restr 'gwasanaeth hiraf' *The Good Food Guide* ac er fy mod yn falch o hyn, yr ochr gymunedol yw'r elfen sydd wedi fy ysgogi fwyaf dros y blynyddoedd. Dydw i ddim yn uchelgeisiol, a byddai rhai'n dweud mai bwyd cartref da rwy'n ei gynnig, a dyw hynny ddim yn sarhad. Dyw fy nghoginio i ddim yn gymhleth ond mae'n rhaid ei gael yn iawn dro ar ôl tro a chynnal cysondeb, ac rwy gyda'r cyntaf i gydnabod mai dim ond gyda thîm da o'm cwmpas mae hyn yn bosib. Sy'n fy arwain yn naturiol i ddiolch i'r holl staff ffyddlon a phroffesiynol sydd wedi fy nghefnogi dros y blynyddoedd.

Hoffwn ddiolch i bawb sydd wedi dod trwy'r drws blaen a'r drws cefn i fwynhau y Dylanwad – teulu a ffrindiau, cwsmeriaid a staff. Diolch i Hayley Evans, Sandie Williams, Jannet Lawley ac i aelodau o'r staff am eu sylwadau ac am brofi rhai o'r ryseitiau, ac i Tom Black am adael i mi ddefnyddio'i waith ymchwil ar Ancre Hill. Mae'n rhaid diolch i Tom Griffiths am wneud cyfran uchel o'r ffotograffiaeth ac i Elin Hughes am ei darluniau hyfryd.

Dylan Rowlands
Hydref 2013

Cynhyrchu gwin

Geirfa

Yn achlysurol, byddaf yn cael gwahoddiad i wahanol lefydd i gynnal sesiwn flasu gwin, i neuaddau pentref ac i fusnesau mawr yng Nghaerdydd. Rwyf yn mwynhau gwneud hyn fel rhan o'r busnes ac wedi hen arfer erbyn hyn yn Saesneg, a chaf wahoddiad i wneud ambell sesiwn trwy gyfrwng y Gymraeg. Yn raddol bach, rwy'n casglu geirfa Gymraeg ond nid yw'n hawdd. Nid mater o ddysgu'r eirfa yn unig yw hyn ond, yn aml, rhoi'r gair mewn cyd-destun y bydd pobl yn ei ddeall ac yn ei dderbyn.

Mae angen geirfa i ddisgrifio a chofio prif rinweddau gwin. Credaf fod angen datblygu banc o eiriau yn y Gymraeg, yn arbennig ar gyfer blasu a thrafod gwin fel sydd ar gael yn y Saesneg. Mae rhai yn amlwg ond mae eraill yn gallu swnio'n od ('mŵs' sy'n cael ei ddefnyddio i ddisgrifio'r ffroth wrth dywallt gwin byrlymus. Clywch bobl yn holi a oes 'mŵs da' iddo!). Dydy geiriau eraill ddim yn bodoli (rwy wedi methu darganfod un am *vinification*) neu dyw pobl heb arfer eu defnyddio yng nghyd-destun gwin. Edrychaf ymlaen at gynnal mwy o sesiynau blasu gwin yn gyfan gwbl trwy gyfrwng y Gymraeg!

Ardywallt	*Decant*
Arogl	*Nose*
Blas	*Taste*
Blodeuog	*Floral*
Bwrlwm	*Fizz*
Byrlymus	*Sparkling*
Canolig	*Medium-bodied*
Casgen	*Barrel*
Corcio (wedi)	*Corked (tainted)*
Decanter	*Decanter*
Dur gwrthstaen	*Stainless steel*
Echdyniad	*Extraction*
Eplesiad	*Fermentation*
Eplesu	*Ferment*
Ffrwythus	*Fruity*
Glaswelltog	*Grassy*
Golwg	*Appearance*
Grawnwin	*Grapes*
Gwaddod	*Sediment*
Cynhaeaf / Gwinaeaf (1)	*Vintage*
Gwinllan	*Vineyard*
Gwinwr/wraig	*Wine-maker*
Gwinwydd	*Vines*
Gwinwyddaeth	*Viticulture*
Gwinwydden	*Vine*
Gwneud gwin	*Vinification*
Hyd	*Length (2)*
Licris	*Liquorice*
Llawn	*Full-bodied*
Llymaid	*Sip*
Llysieuol	*Vegetal*
Mŵs	*Mousse*
Perlysiau	*Herbs*
Perlysiog	*Herby*
Tanin	*Tannin*
Troelli	*Swirl*
Ysgafn	*Light*

1. Y flwyddyn y cafodd y gwin ei gynhyrchu. Nid yw'n derm swyddogol ond cefais yr awgrym yma gan 'Gwyddeles' ar Twitter.

2. Mae hyn yn cyfeirio at ba mor hir mae'r blas yn aros yn eich ceg. Mae'r gwin gorau yn tueddu i barhau'n hirach yn y geg.

Magu diddordeb mewn gwin

Yn y 25 mlynedd diwethaf mae diddordeb y cyhoedd mewn blasu gwin wedi datblygu'n sylweddol. Pan ddechreuais Dylanwad Da yn 1988, prin oedd y gwinoedd o'r tu hwnt i Ewrop ac roedd y rheini'n gyfyngedig i Ffrainc, Sbaen a'r Almaen ar y cyfan a doedd dim sôn am y gwahanol rawnwin oedd yn y gwin. Rydym i gyd yn fwy soffistigedig a gwybodus yn y maes erbyn hyn a chredaf fod neges bwysig i fwytai a thafarndai i beidio ag anwybyddu hynny. Mae'r profiad o ddarganfod mwy am y gwinoedd – daearyddiaeth, daeareg a gwyddoniaeth heb sôn am ddiwylliant yr ardaloedd sy'n eu cynhyrchu – yn parhau i roi pleser o'r newydd i mi. Mwyaf rwy'n ei ddysgu, mwyaf y sylweddolaf cymaint mwy sydd i'w ddysgu eto.

Cofiaf ymweliad cyntaf Llinos, fy ngwraig, â gwinllan yn y Loire, Ffrainc gyda mi flynyddoedd yn ôl. Pan aethom i'r caeau gyda'r gwinwr, yn ein welingtons ac oferols, soniodd yntau am rai o'r anawsterau oedd wedi dod i'w ran yn ystod y flwyddyn gan ysgwyd ei ben a dangos y llwydni ar glwstwr o rawnwin. Roedd y tywydd wedi achosi iddyn nhw bydru ac roedd cynaeafu wedi bod yn anodd oherwydd glaw parhaus. Dywedodd Llin ar y ffordd yn ôl yn y car: "Ffarmwr ydi o! Yn union fel Dad!" Ac mae hyn mor wir. Yn aml, mae'r rhamant o gwmpas gwin yn gwneud i ni anghofio mai cynnyrch y tir yw gwin, gyda'r un ansicrwydd a'r un natur anrhagweladwy sy'n gyfarwydd i unrhyw un yn y byd amaeth. Y cynhyrchwyr teuluol yma, sy'n byw'n agos i'r tir, yw'r rhai yr hoffaf brynu gwin ganddyn nhw, yn hytrach na'r *châteaux* mawr enwog. Trwy siarad â ffermwyr gwin dros y blynyddoedd, rwy wedi dod i werthfawrogi ac i ddeall yn well y chwe ffactor pwysig wrth gynhyrchu gwin, sy'n hanfodol i flas a safon yr hyn r'yn ni'n mwynhau ei yfed.

Erbyn hyn, mae ysfa pobl i ddysgu am yr hyn maen nhw'n ei yfed yn tyfu.

*Maen nhw'n
ddibynnol ar
natur – ac ar y
tyfwr, wrth gwrs.*

Os ydych chi erioed wedi tyfu llysiau neu ffrwythau, byddwch yn ymwybodol o nifer o'r ffactorau hyn eisoes, ac mae tyfu grawnwin yn union yr un fath â thyfu unrhyw blanhigyn arall.

Pridd

Mae'r math o bridd yn effeithio ar beth sy'n tyfu ohono. Efallai fod mwy o sialc yn y tir neu galch, neu wenithfaen. Gall mwy o haearn neu lai o haearn wneud gwahaniaeth i flas y grawnwin.

Weithiau, mae'n anodd deall sut mae pellter o ddim ond rhai camau o un cae i'r llall yn gwneud gwahaniaeth i safon (a phris) gwin. Os ydych yn teithio i Fwrgwyn (Bourgogne), er enghraifft, ac yn gyrru i gyfeiriad y de ar y D974, ar hyd y 'Route des Grands Crus', gwelwch y rhan fwyaf o'r gwinllannoedd ar yr ochr dde. Dyma lle mae'r pentrefi byd-enwog: Volnay, Meursault a Montrachet. Yr unig wahaniaeth rhwng y gwinoedd – a phob un wedi'i gynhyrchu o rawnwin Chardonnay neu Pinot Noir – yw'r tir. Mae'r safleoedd gorau'n tueddu i fod yng nghanol y llethrau, lle mae'r pridd yn gweddu i wneud y gwinoedd gorau.

Ond cofiwch, nid yw'n angenrheidiol ei fod yn bridd o safon, gwelwch y llun o *galets* yn Châteauneuf ar y dudalen nesaf. Mae'r cerrig yn edrych fel y rhai ar draeth y Friog (Fairbourne) yng Ngwynedd ac mae'r winwydden yn tyfu allan gan orfodi'r gwreiddiau i fynd yn ddwfn i gael y macth o'r pridd.

Hinsawdd

Eto, fel y pridd, mae unrhyw ffarmwr neu arddwr yn ddibynnol ar yr hinsawdd i dyfu unrhyw beth, ac mae ar y gwinwr angen hinsawdd tymherus i dyfu grawnwin yn dda. Mae Prydain reit ar y ffin ogleddol lle mae'n bosib tyfu grawnwin da ac mae'r ardal cynhyrchu gwin yn ymestyn i lawr hyd at Morocco a Tunisia yn y de lle mae'r hinsawdd yn gallu mynd yn rhy boeth. Hyn, yn fwy na thebyg, fydd y broblem a fydd yn wynebu Awstralia yn hemisffer y de wrth i'r hinsawdd gynhesu.

Tywydd

Yn wahanol i hinsawdd, mae tywydd yn newid o flwyddyn i flwyddyn, a dyna pam mae nodi cynhaeaf gwin (*vintage*) ar y botel yn bwysig i lefydd fel Bourgogne a Bordeaux ond nid i Awstralia, lle mae'r tywydd yn fwy cyson. Mae'n fwy pwysig byth ar y ffiniau ymylol, fel y gwyddom ni'n iawn yma yng Nghymru fach, lle mae gwahaniaeth sylweddol yn gallu digwydd o un haf i'r llall ac, wrth gwrs, mae planhigion yn tyfu'n well efo mwy o haul a llai o law yn y tymor tyfu. Ni chasglodd un o winllannoedd gorau Prydain eu grawnwin o gwbl yn ystod haf bythgofiadwy 2012 – penderfyniad anodd iawn i'w wneud ac un o anfanteision cynhyrchu mewn lleoliad mor ogleddol.

Mae'r hyn wnewch chi i'r pridd, neu'r hyn rydych chi'n peidio â'i wneud iddo, yn mynd i gael effaith ar y gwin.

Gwinwyddaeth (*viticulture*)

Dyma lle mae ymyrraeth dyn yn dechrau cael effaith ar y gwin. Mae'r ffordd y mae'n gofalu am y planhigion yn gwneud gwahaniaeth ac mae sawl dewis gan y gwinwr. Sut mae'r planhigion yn cael eu tocio, a'r tyfiant yn cael ei reoli? Mewn rhai gwledydd mae'r gwinwydd yn uchel oddi ar y ddaear oer. Yn Ewrop ni chewch ddyfrio yn yr ardaloedd gwin safonol oni bai bod amgylchiadau eithriadol. Mae rheolau cyfyng iawn ynglŷn â hyn. Efallai y bydd rhai'n penderfynu tynnu'r dail er mwyn i'r ffrwyth gael mwy o haul. Bydd eraill yn tynnu clystyrau o rawnwin oherwydd bod tyfu llai o rawnwin ar un planhigyn yn medru cynhyrchu gwin gwell.

Gwneud gwin (*vinification*)

Does dim hud i'r broses o wneud gwin. Os rhowch chi glystyrau mewn bwced a'u gadael nhw yn rhywle cynnes, fe wnân nhw ddechrau eplesu a throi'n win. Ond i wneud diod o safon dderbyniol mae nifer o benderfyniadau i'w gwneud gan y gwinwr o'r dechrau. Pryd a sut i gasglu'r grawnwin; beth i roi'r gwin ynddo: dur gwrthstaen neu gasgenni; tymheredd yr eplesiad? Mewn beth y dylid aeddfedu'r gwin – tanciau, casgenni neu boteli? Does dim lle mewn pennod fer i drafod hyn yn eang, ond gwelwn sawl haen o natur ac ymyrraeth dyn yn effeithio ar y newid o rawnwin i win.

Grawnwin

Erbyn hyn, mae pawb yn gyfarwydd ag enwau'r grawnwin clasurol a'r rhai mwyaf poblogaidd fel Sauvignon, Chardonnay, Riesling, Cabernet Sauvignon, Syrah (Shiraz) a Pinot Noir. Yn union fel afalau, mae blas unigryw i bob math. Gwyddom fod Granny Smith yn wahanol i Russet neu Golden Delicious, ond mae o leiaf 2,000 o wahanol fathau o rawnwin yn cael eu defnyddio i wneud gwin yn y byd, er ein bod ni'n dueddol o weld y rhai clasurol yn ein

siopau a'n harchfarchnadoedd. Rwy'n falch o ddweud bod
y byd gwin yn datblygu'n fwy anturus, ac mae'n ddiddorol
cael siawns i flasu grawnwin mwy anarferol a diddorol fel
Grüner Veltliner o Awstria, Arneis o Piedmont neu Areni
Noir o Armenia erbyn hyn.

Blasu gwin

Beth yw'r pwynt?

Felly, beth am y broses o flasu gwin? Snobyddiaeth bur? Nonsens llwyr heb unrhyw sail wyddonol? Mae llawer o sbort yn cael ei wneud am ben y busnes blasu gwin (a mwy na digon yn fy nghartref fy hun, os ga i ddweud!) ac mae rhai disgrifiadau hurt yn cael eu gwneud. Ond mae arbenigedd teilwng yn gymorth i gwsmeriaid brynu gwin yn fwy gofalus. Beth sy'n eich denu at botel arbennig? Sut gallwch wneud dewis gwybodus wrth brynu gwin? Does dim byd o'i le mewn bod yn angerddol ac o ddifrif ynglŷn â hyn, a dyma gamau bach i roi cymorth i chi adnabod y nodweddion penodol sy'n eich denu at win neu flas arbennig.

Y gwydr

Ceisiwch ddewis gwydr sydd â phowlen lydan ac yn culhau tuag at y top. Mae hyn yn golygu y gallwch droelli'r gwin yn y gwydr a bydd yr arogl yn cael ei sianelu i fyny at eich trwyn. Fe fydda i'n defnyddio gwydrau blasu arbennig safon ISO yn fy nosweithiau blasu gwin, ac mae rhai cwmnïau'n cynhyrchu gwydrau arbennig i wahanol rawnwin, felly cawn ddau wydr gwahanol wrth yfed Chardonnay a Shiraz! Efallai fod hyn yn swnio'n eithafol ond coeliwch neu beidio, mae'n gwneud gwahaniaeth. Beth bynnag, am y tro, mae gwydr gwin arferol yn berffaith iawn.

Golwg

Tywalltwch ychydig o'r gwin i'r gwydr, dim ond rhyw fodfedd yn y gwaelod.

Y peth cyntaf i'w wneud yw edrych ar y lliw a'r golwg, a chewch wybodaeth yn syth am y gwin heb ei flasu. Os oes golwg gymylog arno, bydd problem – un ai rhywbeth o'i le ar y gwin neu efallai y dylech fod wedi ardywallt y gwin yn fwy gofalus os oedd yn un â thipyn o oed. Nodwch y lliw. Mae hyn yn gallu dweud cymaint am oed y gwin neu ddechrau'r broses o adnabod y grawnwin. Nid yw'n rheol gadarn ond, yn aml, mae lliw gwin gwyn yn tywyllu'n felyn dwfn gydag oed, a phan mae wedi bod mewn casgenni derw. Bydd gwin coch, ar y llaw arall, yn dangos ei oed trwy fynd o biws llachar i fahogani rhuddgoch cyn troi'n fric-goch a gallwch sylwi, trwy ei droi ar gefndir gwyn fel darn o bapur, y bydd ymylon y gwin yn dechrau edrych yn ddyfrllyd a'r lliw yn torri.

Felly, y lliw: clir, melyn, piws tywyll, coch golau? Ydych chi'n gallu gweld trwyddo neu ydy'r lliw yn dywyll a solet? Os yw'n goch tryloyw gall eich arwain i feddwl am Pinot Noir yn hytrach na'r Syrah tywyll ei liw. Gallwch weld sut mae'n broses o ddileu yn ogystal ag un o adnabod. Wrth fynd trwy bob cam, mae'r maes anferthol yma'n culhau ychydig bob tro. Wel, dyna'r gobaith, beth bynnag!

Trwy edrych ar y gwydr gallwch weld, i ryw raddau, a oes arwyddion alcohol cryf ynddo trwy weld a oes 'dagrau' neu 'goesau' clir yn rhedeg i lawr ochr y gwydr ar ôl ei droelli. Os ydy'r rhain yn niferus ac yn hir, gall fod yn arwydd o lefel uchel o alcohol ond mae'n rhaid cyplu hyn gyda'r blas. Gallwch hefyd weithiau weld ôl coch ar y gwydr sy'n dangos echdyniad uchel (*high extraction*) ac yn arwydd efallai (mae yna 'efallai' o hyd – does byth reolau cadarn na sefydlog!) iddo gael ei gynhyrchu mewn gwlad boeth.

Arogl

Mae'n dipyn o gamp rhoi enw ar arogl ac mae'n cymryd cryn dipyn o ymarfer. Clywch sôn yn aml am wahanol ffrwythau, perlysiau, glaswellt, bocs sigârs ac oglau llysiau. Mae dyfyniad enwog gan Jancis Robinson sef "piso cath ar berthi gwsberins" i ddisgrifio Sauvignon o Seland Newydd! (Rwy'n addo osgoi termau hylifau'r corff yn y llyfr!) I geisio codi ymwybyddiaeth o arogleuon yn gyffredinol, rwy'n rhoi sylw i arogl ffrwythau, siocled, perlysiau a.y.y.b. Mae hyn yn creu banc o eiriau am arogleuon i'w hadnabod a'u cymharu wrth flasu. Rwy'n dweud o hyd ei fod fel dysgu iaith newydd ac mae ailadrodd yn bwysig. Ac, yn union fel iaith newydd, po amlaf r'ych chi'n defnyddio geiriau, hawsaf mae'r eirfa'n tyfu.

Troellwch y gwin yn y gwydr i gael yr arogl i symud yn y bowlen ac wedyn gwyntwch gwpl o weithiau (dim mwy oherwydd mae'r synhwyrau'n arfer â'r arogl yn sydyn iawn). Gallwch nodi hefyd a oes beiau ar y gwin. Os oes arogl llwydni arno mae siawns dda ei fod wedi corcio. Haint yn deillio o'r corcyn yw hyn – problem sydd wedi cael ei datrys i raddau helaeth y dyddiau yma trwy ddefnyddio *Stelvin closures* (*screw cap*), cyrc plastig yn ogystal â gwell safon o gorcyn.

Ceisiwch ddyfalu beth sy'n amlwg: ffrwythau tywyll, ffrwythau trofannol neu efallai licris neu berlysiau. Eich argraffiadau cyntaf sydd yn bwysig.

Blas

Hen bryd, rwy'n eich clywed chi'n dweud! Ond cofiwch
fod y synhwyrau i gyd yn cyfrannu at y blas ac er bod y
tafod yn bwysig mae angen hefyd i'r gwin awelu o gwmpas
eich ceg a mynd yn ôl o'r geg i'r trwyn (*olfactory tract*).
Dyma'r rhan sy'n edrych ac yn swnio'n fwyaf rhyfedd ond
cofiwch eich bod yn gwneud y rhan fwyaf o'r blasu trwy
arogli â'ch trwyn. Mae angen tynnu aer trwy'r gwin yn

eich ceg i wneud sŵn bwrlwm, bron fel chwibanu'r ffordd anghywir. Troellwch y gwin o gwmpas eich ceg gwpl o weithiau a byddwch yn synnu faint o flas gewch chi wrth wneud hynny. Ar y pwynt yma, mewn sesiwn o flasu sawl gwin, byddaf yn poeri'r gwin allan. Ond, wrth gwrs, dyw hynny ddim yn angenrheidiol!

Cofiaf unwaith, mewn ffair win yn Llundain, roedd ffrind wedi dod â pheiriant mesur alcohol fel sydd gan yr heddlu. Er 'mod i wedi blasu dros ddeugain o winoedd, doeddwn i ddim wedi llyncu diferyn oherwydd roedd angen canolbwyntio ar y gwin ac, yn fwy pwysig, roedd angen gyrru'r noson honno. Ond, coeliwch neu beidio, roeddwn i dros y mesur cyfreithiol i yrru! Cefais sioc bryd hynny, ond mae'n dangos sut mae alcohol yn gallu ymuno â llif y gwaed trwy'r croen.

Yn ôl i'r blas ac, unwaith eto, mae ymarfer a cheisio cofio'r geiriau rydych yn eu rhoi ar flasau yn bwysig. Mae'r ffordd y mae gwin yn teimlo yn eich ceg yn amrywio, o un trawiad mawr o ffrwythau sy'n diflannu'n sydyn i rywbeth mwy cymhleth.

Mae'n werth sôn am dderw wrth flasu ac mae hwn yn faes y gallwn roi pennod gyfan iddo. Mae'r blas derw yn dod o'r gasgen yn y gwin gorau, a'r casgenni gorau yw'r rhai Ffrengig. Ceir derw Americanaidd sydd â blas gwahanol eto. Yn y gwinoedd rhatach sy'n ceisio cael y blas derw, mae'n bosib defnyddio sglodion derw yn y gwin, trwy eu rhoi mewn bagiau a'u trochi ynddo.

Yn olaf wrth flasu, beth yw hyd y gwin? Yn y byd gwin mae sôn am 'hyd' yn golygu pa mor hir mae'r blas yn parhau yn eich ceg. Disgwylir i flas gwinoedd o safon uchel barhau'n hir a chynnig profiad blasu cymhleth.

Gyda gwinoedd da, bydd sawl cyfnod o flas, sy'n rhoi strwythur mwy cymhleth a diddorol i'r gwin.

Dod i gasgliad

Rhaid dod i gasgliad am y gwin yn y diwedd ac, wrth gwrs, y cwestiwn pwysicaf yw, ydych chi wedi mwynhau'r gwin a pha nodweddion ydych chi angen eu cofio erbyn y tro nesaf. Mae'n werth ceisio dyfalu rhai pethau wrth flasu – mae'n hwyl ac yn eich gorfodi i ganolbwyntio: pa wlad a pha rawnwin neu, yn fwy pwysig, safon y gwin a'r pris.

Ardywallt (*decanting*)

Pan mae gwin (coch yn enwedig) yn heneiddio, mae gwaddod yn hel yng ngwaelod y botel sy'n gallu bod yn fân fel powdwr a chreu slwj. Os gwnaiff hwn gymysgu â'r gwin bydd yn ei ddifetha. Does dim drwg yn y darnau caled neu'r crisialau a welwch ambell waith. Dydyn nhw ddim yn effeithio ar y gwin. Mae cred gyffredinol bod ardywallt potel o win yn gymorth i'w 'agor allan' a rhyddhau'r blas. Wn i ddim oes gwirionedd yn hyn ond nid yw'n gwneud drwg i'r gwin, beth bynnag.

Mae'n broses weddol syml. Os yw'n hen botel, gadewch iddi sefyll yn llonydd am 24 awr (os yn bosib) i'r gwaddod setlo. Cadwch y gwinoedd mewn rac, a'r label ar i fyny, a byddwch yn ofalus iawn wrth eu symud er mwyn peidio â symud y gwaddod. Mae angen golau da neu gannwyll a decanter neu jwg. (Gallwch ddefnyddio unrhyw beth i ddal y gwin mewn gwirionedd, a thywallt y gwin yn ôl i'r botel ar ôl ei golchi'n lân o'r gwaddod.) Ar ôl tynnu'r corcyn, â chyn lleied o symudiad â phosib i'r botel, daliwch hi uwchben y gannwyll neu'r golau i weld ble mae'r gwaddod.

Tywalltwch yn araf i'r decanter, gan gadw llygad ar y gwaddod fel ei fod yn aros yng ngwaelod y botel a ddim yn cymysgu â'r gwin. Er ei fod yn groes i'r graen, yn enwedig os yw'n botel ddrud, mae'n angenrheidiol gwastraffu ychydig o win yn y broses trwy adael ychydig gyda'r gwaddod. Ac yna, mae'r gwin yn barod i'w yfed!

Gair i gall

- Peidiwch ag oeri gwin gormod, mae'n lladd y blas.
- Cadwch boteli gwin mewn ystafell lle mae'r tymheredd yn gyson.
- Cadwch y poteli ar eu hochr i gadw'r corcyn yn wlyb.
- Peidiwch â thaflu gwin sydd dros ben. Gallwch ei gadw am fis ar gyfer ei ddefnyddio i goginio.
- Shiraz yw enw'r 'byd newydd' am rawnwin Syrah.
- Pan mae gwin yn cael ei ddisgrifio fel un sydd 'wedi corcio' mae'n golygu bod haint arno o'r corcyn sy'n gadael arogl a blas drwg.

 Canllawiau bras yn unig o ran amser paratoi yw'r rhain. Mae'r amserau coginio ac oeri yn y ryseitiau.

Yr Eidal

Roedd yn rhaid dechrau yn rhywle wrth ymchwilio i holl winoedd yr Eidal a lle gwell na'r sioe win yn Turin? Ar ôl gorffen y diploma gwin WSET yn Llundain, penderfynais fod yr amser wedi dod i ddechrau mewnforio gwin fel rhan arall o'r busnes. Roedd cludiant rhad a hwylus i'r rhan fwyaf o Ewrop ac felly, yn fuan iawn, roeddwn yn hedfan i Turin am rai diwrnodau i fynychu fy sioe win gyntaf. Roedd y digwyddiad yn enfawr a gwinoedd o bedwar ban yr Eidal yno i'w blasu a'u prynu. Penderfynais ganolbwyntio ar winoedd ardal Piedmont, sef ardal leol Turin. Hyd yn oed ar ôl cyfyngu i un ardal benodol, roedd cymaint o winoedd i ddewis ohonyn nhw. Trwy'r dydd bûm yn blasu ac yn ceisio pwyso a mesur cyn dod i gasgliad. Ond roedd gwinoedd a flasais yn ystod y bore wedi aros yn fy nghof gyda'u safon uchel yn ogystal â'u labeli trawiadol a mentrais ailymweld â'r stondin cyn gadael. Roedd ffrind dwyieithog gan Vincenzo yno, wrth lwc, ac roedd hyn yn gymorth i ni drin a thrafod. O fewn mis, gyda chymorth Maria, hen ffrind o'r brifysgol, fel cyfieithydd, a fy nhad fel ffotograffydd, aethom unwaith eto ar awyren o Stansted i Turin, ond am ddiwrnod yn unig y tro hwn. Ar ôl llogi car yn y maes awyr dim ond pellter byr oedd i bentref bach Cisterna d'Asti sy'n eistedd yn dlws ar ben bryn. Yng nghegin gysurus a hardd Ciara a Vincenzo wrth ymyl y stof seramig loyw, cawsom flasu eu gwinoedd unwaith eto. Erbyn hyn, roeddwn yn sicr o'r safon uchel, a gwyddwn mai gwinoedd y teulu yma

fyddai'r mewnforiad cyntaf o win i Ddolgellau. Mae Cristina, merch Ciara a Vincenzo, yn astudio gwin yn y brifysgol ac wedi dysgu Saesneg perffaith i hwyluso cyfathrebu. Felly, mae'r genhedlaeth nesaf yn paratoi i gymryd yr awenau.

Prosecco

Cefais drafferth ofnadwy yn ystod fy ymweliad cyntaf â Valdobbiadene. Roedd hyn yn y dyddiau cyn i Meirion y mab fy ngorfodi i gael ffôn symudol trwy brynu un yn anrheg pen-blwydd yn hanner cant. Roedd y teulu wedi cael llond bol ar fy agwedd Luddite tuag at dechnoleg! Taith ymchwil (rwy'n caru'r job yma!) oedd hon, a dewisais lety yng nghanol yr ardal. Gofynnodd y perchennog i mi roi caniad iddo ar ôl cyrraedd sgwâr Valdobbiadene, felly benthycais ffôn symudol gan ffrind i hwyluso pethau.

Wedi cyrraedd, eisteddais yn fy nghar wrth iddi dywyllu, yn rhegi'r ffôn nes i mi roi'r gorau i'r frwydr a mynd yn ôl i'm ffordd draddodiadol o gysylltu: mynd i far a thalu am ddiod i gael newid mân, er mwyn defnyddio ffôn call. Roedd yn rhaid aros wedyn (yn y bar wrth gwrs!) i'r perchennog ddod i'm tywys ar hyd y ffyrdd bach sy'n croesi ei gilydd fel nadroedd ar lethrau'r gwinllannoedd. Dyma galon ardal Valdobbiadene a Conegliano lle mae'r Prosecco gorau yn cael ei gynhyrchu – gwell na'r tiroedd gwastad sy'n ymestyn tuag at Venice. Gwin byrlymus sy'n cael ei wneud mewn ffordd wahanol i Champagne yw Prosecco, gyda gwedd ffres ac arogl grawnwin a ffrwythau. Y gwahaniaeth mwyaf yw ei fod ychydig yn fwy melys. Caiff ei gynhyrchu'n ffres trwy'r flwyddyn ac mae'n rhaid ei yfed pan mae mor ifanc â phosib. Cynyddodd poblogrwydd Prosecco gyda'r coctel Bellini o'r enwog Harry's Bar yn Venice, a wneir trwy roi llond llwy bwdin o sudd neu biwre eirin gwlanog yng ngwaelod ffliwt siampên ac ychwanegu Prosecco. Syml! Rhowch gynnig arno! Drannoeth, ar ôl y poeni a chyrraedd yn nhywyllwch y noson cynt, deffroais a chodi i edrych drwy'r ffenest ar winwydd yn ymestyn i'r pellter. Mentrais am dro sydyn i gael teimlad y lle cyn mynd i'r apwyntiad cyntaf ond sylwais ar rywbeth od iawn yn y tirlun: yng nghanol y gwinllannoedd roedd teclynnau mawr metal siâp trwmped yn syllu i'r awyr ar ben y bryniau. Ar ôl holi, cefais yr ateb: 'hail cannons'. Mae cenllysg yn gallu achosi difrod mawr i'r gwinwydd, a defnyddir y trwmpedi i danio cemegau i'r awyr. Crëir siocdon gan ffrwydradau sy'n teithio i'r cymylau ar gyflymder sŵn, ac yn rhwystro cenllysg rhag ffurfio, gan eu gorfodi i ddisgyn fel glaw neu eirlaw. Diddorol! A yw'r broses yn gweithio sy'n gwestiwn arall, ond roedd hi'n hwyl clywed y stori!

Y dyn anghywir!

Un pleser wrth fynd dramor bob tro yw mynd am bryd o fwyd arbennig, ac felly fe archebais fwrdd ymlaen llaw trwy e-bost mewn bwyty seren Michelin. Roeddwn yn amheus braidd gan nad o'n i wedi cael cadarnhad ac, yn wir, pan gyrhaeddais y lle, hanner awr yn gynnar, doedd o ddim ar agor a doedd dim golwg o'm neges e-bost chwaith. Hen dro, ond chwarae teg, doedd dim trafferth: o fewn munudau roedd bwrdd wedi'i baratoi. Digri ydoedd gweld 'tendon' ar y fwydlen. Cymerais mai camgyfieithiad oedd ac mai 'tenderloin' oedd o i fod ond na, pwyntiodd y ferch oedd yn gweini at y tu ôl i'w phen-glin: "Tendon, speciality of the area," medde hi. Mmm, falle ddim.

Hoffwn ddangos fy nghegin fach i yn Nolgellau iddyn nhw, o'i chymharu â'u lab technoleg gwydr state of the art!

Wrth fwynhau pryd o fwyd arbennig, mae'n arfer gen i ysgrifennu nodiadau a darllen am y gwinoedd rwyf wedi eu blasu. Mae'n gyfle i feddwl a yw'r gwin yn ddigon da i'w fewnforio. Roeddwn i'n gwneud hynny ar y noson honno pan sylwais ar wynebau yn syllu arna i o'r gegin – un, wedyn dau, tri. Teimlais hefyd fod y gwasanaeth yn sbesial iawn, a rhyw bethau bach ychwanegol yn cael eu dwyn i'm sylw, fel y ddeilen aur ar y cwrs cyntaf. Oedden, roedden nhw wedi meddwl mai arolygwr Michelin oeddwn i! Dwi'm yn siŵr a oedd eu siom yn fwy na'u rhyddhad!

Teulu Bortolin Angelo

Un o'r gwinoedd y noson honno oedd Prosecco o
Bortolin Angelo. Gwindy modern, glân oedd gan y teulu a
gweledigaeth glir ar gyfer y busnes: paneli solar ar y to
ond yn cynnal yr hen draddodiadau hefyd. Mae'r winllan
o dan ofal Desidarion a'i ddwy chwaer, Paola a Cristina, y
drydedd genhedlaeth i edrych ar ôl gwinllan a sefydlwyd
gan eu taid, ac yn dal i wneud yr un math o win gyda'r un
math o rawnwin. Hwn oedd y gwerth am arian gorau, ac
roedd gofal a pharch y teulu at eu gwin yn amlwg. Hwn
oedd yr un i mi.

Diodydd cyn bwyd

Rwyf wedi sôn am win byrlymus gyda canapes ond mae llawer mwy o ddewis ar gael wrth gwrs. Yn Ffrainc, mae'n draddodiadol yfed Kir: un mesur o wirod ffrwythau fel Cassis (cyrains duon) yn y gwydr a'i lenwi gyda gwin gwyn neu, yn well byth, gyda gwin byrlymus i wneud Kir Royale. I roi twist Cymreig, defnyddiwch fesur o wirod Aerona o Ben Llŷn. Mae'r Eidalwyr yn hoff o Prosecco, wrth gwrs, a'r enwog Bellini.

Yn bersonol, rwy'n hoff iawn o joch bach o sieri. Gwneir pob sieri o rawnwin gwyn Palomino yn yr ardal o gwmpas tref Jerez yn ne-orllewin Sbaen. Addasiad Saesneg o Jerez yw'r enw 'Sherry' ac mae teuluoedd a masnachwyr Prydeinig wedi chwarae rhan allweddol yn natblygiad gwinoedd cadarn fel sieri, Marsala, Port a Madeira.

Mae cymaint o wahanol fathau o sieri ar gael, yn amrywio o ran melyster yn ogystal â'r ffordd maent wedi eu gwneud. Credaf mai'r rhai sych sy'n gwneud yr aperitif gorau, sef y *fino*, a'r dewis y byddwn i'n ei wneud yw'r Manzanilla, sy'n dod o dref glan môr Sanlúcar de Barrameda. Mae mymryn o flas hallt iddo. Un tro, yn Sanlúcar, roeddwn wedi mynd i ymweld ag un o'r *bodegas*, ac wrth gael diod bach amser cinio yn un o'r *plazas* tlws gwelais ryw ugain o weithwyr swyddfa yn eistedd wrth fyrddaid hir yn llawn bwyd môr. Ond beth dynnodd fy sylw yn fwy na hynny ar y bwrdd hir oedd rhes o boteli sieri Manzanilla mewn rhew i fynd gyda'r bwyd. Nid yw'n arfer yfed sieri gyda bwyd yn y wlad hon o gwbl, ond rwy wedi gwneud hyn yn rhai o'm nosweithiau blasu ac mae'n eithaf poblogaidd. Efallai fod amseroedd cinio fel hyn yn creu gweithwyr hapusach!

Canapes a thapas

Mae canapes yn wahanol i dapas ond, i ryw raddau, addasu maint y dafell yw'r gwahaniaeth. Gwelwn Sbaenwyr yn mwynhau tapas gyda'u diod er bod y tapa am ddim gyda diod yn mynd yn brin erbyn hyn. Rhaid gadael yr ardaloedd twristaidd poblogaidd i weld hynny. Mor braf yw eistedd gyda gwydraid o win a chael powlen fach o almonau neu *boquerones* (brwyniaid neu *anchovies*) ar ddarn o fara, neu efallai rywbeth mwy sylweddol fel *tortilla*, *patatas bravas* neu *albondigas* (peli cig). Ewch i Wlad y Basg ac fe gewch fersiwn gwahanol o tapas, sef *pinchos*. Gwelir bariau *pinchos* o un pen i'r stryd i'r llall yn nhref hyfryd Donostía (San Sebastian). Ychydig i'r gorllewin, ac yn rhatach, mae tref Bilbao yn cynnig tapas ardderchog, yn ogystal ag amgueddfa enwog y Guggenheim. Hawdd treulio oriau yn cerdded y strydoedd yn mwynhau tan yr hwyr.

Mae darnau bach o fwydydd blasus gyda gwydraid o ddiod yn codi awydd bwyd. Os am canapes, dewiswch fwydydd ysgafn sydd ddim yn llenwi cyn y prif bryd, rhyw dri neu bedwar tamaid yr un. Ar gyfer noson tapas, dewiswch gig oen a ryseitiau mwy sylweddol sydd hefyd yn hawdd i'w paratoi ymlaen llaw.

Cofiwch bwysigrwydd hwylustod bwyta canapes – does neb eisiau cwffio i gnoi rhywbeth a cholli'r cynhwysion i lawr ei ddillad! Pethau blasus a hawdd eu bwyta wrth sgwrsio ydi'r pwynt, felly mae'r maint yn bwysig yn ogystal â'u gosod ar rywbeth cadarn sy'n gweddu i'r bwyd: tost, blinis a bara ceirch ydy rhai o'r goreuon.

Defnyddiwch gylch torri toes i dorri darnau bach crwn o dost, neu fara Ffrengig hir tenau, a'u torri'n ddisgiau bach handi i roi'r bwyd arnynt.

Beth well i'w yfed cyn pryd, neu gyda canapes, na gwin byrlymus? Mae sawl math ar gael, a sawl techneg i'w gynhyrchu. Cynhyrchir siampên trwy ddechrau gwneud gwin yn y ffordd arferol. Wedyn mae'n cael ail eplesiad yn y botel, ac yna ychwanegir ychydig o siwgr a burum i'r gwin. Yna, mae'r botel yn cael ei chau gyda 'crown top'. Mae'r CO_2 sy'n cael ei ollwng yn ystod yr ail eplesiad yma'n cael ei ddal yn y botel i greu'r swigod hyfryd. Ardal fach yng ngogledd-ddwyrain Ffrainc yw Champagne a dyma'r *méthode champenoise* o wneud siampên. Dim ond gwin sydd wedi ei wneud yn y ffordd yma, yn yr ardal yma, gaiff ddefnyddio'r enw *champagne*. Er hynny, mae enghreifftiau ardderchog eraill o win byrlymus sy'n cael eu cynhyrchu yn Ffrainc a thrwy'r byd gan ddefnyddio'r dull yma ond o dan yr enw *méthode traditionnelle* (mae dulliau eraill hefyd). Yn Ffrainc, edrychwch am Crémant o wahanol ardaloedd; yn Sbaen, Cava yw'r dewis gorau heb wario gormod fel arfer, ac mae enghreifftiau da o 'fizz' o'r 'byd newydd', sef Seland Newydd, Awstralia, Chile, De Affrica a.y.y.b. Mewn gwirionedd, does dim llawer yn newydd am gynhyrchu gwin yn y gwledydd yma.

Efallai mai'r ffaith fwyaf cyffrous yw bod gwin byrlymus o Gymru wedi cyrraedd y brig: Ancre Hill (y winllan yn Sir Fynwy rwy'n sôn mwy amdani yn y bennod 'Gwinoedd o lefydd annisgwyl') a gurodd amrywiaeth o Champagne a gwinoedd byrlymus eraill y byd mewn cystadleuaeth yn yr Eidal. Mae Richard Morris a'i fab yn datblygu'r winllan mewn ffordd wahanol trwy ddefnyddio dulliau biodynamig ac yn cymryd camau diddorol iawn trwy blannu grawnwin Albarino.

Un o fy ffefrynnau yw Prosecco a gynhyrchir yn yr Eidal gan ddefnyddio techneg ychydig yn wahanol i siampên, lle mae'r ail eplesiad yn digwydd mewn tanc ac yn cael ei oedi i adael ychydig o siwgr naturiol ynddo.

Y dull mwyaf enwog a drud yw siampên.

20   4–6

Olwynion eog a leim

- 2 dafell o fara wedi'u torri ar hyd y dorth
- 150g eog wedi'i fygu
- 100g caws meddal fel Philadelphia
- Sudd a sest ¼ leim
- Halen a phupur
- Berwr dŵr

Clingffilm

Bwyd syml ond blasus, does dim coginio gyda hwn nac angen unrhyw beth i'w roi arno. Mae'n cadw yn yr oergell yn gyfan mewn clingffilm. Gallwch ei baratoi y diwrnod cynt a'i dorri fel bo angen. Mae'n rhaid torri'r dorth ar ei hyd i wneud y rysáit yma.

1 Cynheswch y caws ychydig i'w wneud yn haws ei drin.
2 Cymysgwch y caws gyda sudd a sest y leim a'r halen a phupur.
3 Gwasgarwch y gymysgedd dros y bara fel haen dew o fenyn.
4 Rhowch yr eog ar y bara gan orchuddio'r caws.
5 Torrwch y crystyn o'r bara.
6 Rhowch y bara yn ofalus ar ei hyd i wneud silindr hir fel *swiss roll* denau. Lapiwch hwn yn dynn mewn clingffilm a'i roi yn yr oergell am o leiaf awr i galedu.
7 Tynnwch y clingffilm a thorri sleisys 1cm o drwch yn ofalus i wneud olwynion.
8 Addurnwch gyda berwr dŵr a darnau o leim.

Ceisiwch ddewis rhywbeth i dorri ar yr olew yn yr eog a'r braster yn y caws. Mae angen digon o flas i gymryd y blas mwg felly mae angen asid yn y gwin a ffrwythau eithaf cryf: Champagne, Prosecco neu Chablis. Mae'n werth trio Riesling sych gydag eog wedi'i fygu hefyd.

20   14-16

Lolipops chorizo

- 4 taten newydd wedi'u berwi a'u sleisio
- 1 sosej chorizo wedi'i thorri'n sleisys
- 3 pupur (1 gwyrdd, 1 coch, 1 melyn yn ddelfrydol) wedi'u torri gyda thorrwr bach crwn (3cm)
- Olew olewydd
  Ffyn coctel

Mae tatws newydd a chorizo sbeislyd yn gweddu mor dda gyda'i gilydd. Y cwbl sydd angen ei wneud ydy eu ffrio a'u rhoi ar ffyn coctel.

1 Twymwch ychydig o olew mewn padell ffrio drom, a ffrïwch y *chorizo*.
2 Rhowch y *chorizo* i'r naill ochr ac wedyn ffrïwch y tatws yn yr un olew nes iddyn nhw frownio.
3 Rhowch y tatws wedi'u ffrio i'r naill ochr ac wedyn ffrio'r puprau tan iddyn nhw ddechrau brownio.
4 Defnyddiwch y ffyn coctel i adeiladu'r lolipops ond cofiwch ddechrau a gorffen â phupur i gadw'r tatws a'r *chorizo* yn eu lle, a defnyddio'r gwahanol liwiau yn eu tro.
5 Gosodwch nhw ar blât a'u gweini'n gynnes.

30   12–16

Byrgyrs bach cig oen Cymreig

- 250g mins cig oen
- 50g cennin wedi'u torri'n fân
- 50g briwsion bara
- 1 llwy bwdin mintys ffres wedi'i dorri'n fân
- 1 wy
- Halen a phupur
- 1 llwy de stoc cig eidion
- Olew i ffrio
- 4 tafell o fara
- Tsiytni

Gyda 'nhad yng nghyfraith a 'mrodyr yng nghyfraith yn ffermio'n lleol, does dim dewis arall ond cig oen Cymreig! Ond fyddwn i ddim yn defnyddio cig oen o unrhyw le arall beth bynnag. Mae platiaid o'r rhain yn ganolbwynt ar gyfer noson tapas. Dyma gawson ni Nos Galan diwethaf gyda salad a thapas eraill ac roedd pawb wrth eu boddau yn pigo'u ffordd drwy'r bwyd am oriau, tan hanner nos.

Gallwch addasu'r rhain i fod yn canapes a'u rhoi ar sgwariau bach o dost. Neu, yn grand i gyd, fel sy'n ffasiynol y dyddiau yma, eu rhoi nhw ar lwy Tseinïaidd i'w bwyta mewn un llwnc. Peidiwch â'u gwneud yn rhy fawr – d'ych chi ddim eisiau gorfod galw ambiwlans i'ch *soirée*!

1 Cymysgwch y cynhwysion i gyd mewn powlen fawr.
2 Defnyddiwch lwy bwdin i ffurfio peli a'u rholio i siâp pêl cyn eu gwastatáu i wneud byrgyr.
3 Rhowch yr olew i dwymo mewn padell ffrio a rhoi'r byrgyrs i mewn pan mae'r olew'n boeth iawn. Ffrïwch am 3 munud bob ochr. Peidiwch â rhoi gormod i mewn ar y tro. Rhowch y rhai sydd wedi'u coginio ar hambwrdd metel yn y popty i gadw'n gynnes.
4 Tostiwch y bara. Yna, gyda thorrwr toes bach, torrwch gylchoedd ynddo. Rhowch ychydig o tsiytni ar y bara, ac yna'r byrgyr. Gallwch wneud pentwr ohonyn nhw, sy'n edrych yn dda ar y bwrdd.

Oherwydd natur seimllyd y byrgyrs cig oen a'r lolipops chorizo, mae angen asid ac elfennau o danin yn y gwin i'r ddau rysáit yma. Byddai cynnig Rioja yn ardderchog yn fy marn i.

20   4–6

Caws pob Dolgellau gyda Chwrw Llŷn

- 250g caws Cheddar cryf wedi'i gratio (mae caws Hafod yn un o'r gorau ym Mhrydain)
- 25g menyn
- 125g bacwn wedi'i fygu wedi'i dorri'n giwbiau bach (neu 30g caprys (*capers*))
- 125g cennin wedi'u torri'n fân
- 2 lwy de saws Worcester
- 1 llwy de mwstard Pommery
- 1 llwy fwrdd blawd plaen
- 80ml Cwrw Llŷn (Brenin Enlli)
- 4 tafell o fara

Mae pawb â'i rysáit caws pob ei hun, felly dyma fy un i! Rwy'n hoff o'r pryd syml yma fel swper, tapa neu canape ac mae'n blasu'n well byth gyda chynnyrch Cymreig!

1 Ffrïwch y bacwn yn y menyn am rai munudau.
2 Ychwanegwch y cennin a'u coginio'n feddal.
3 Ychwanegwch y caws, y saws Worcester, y mwstard a'r blawd a'i droi'n gyson tan mae'r caws wedi toddi.
4 Ychwanegwch y cwrw a throi'r gymysgedd yn dda.
5 Blaswch, ac ychwanegu halen a phupur os oes angen.
6 Tostiwch y bara. Gwasgarwch y gymysgedd caws yn eithaf trwchus arno a'i bobi o dan y gril nes ei fod yn frown.
7 Torrwch yn ddarnau – rhai bach fel canapes neu ddarnau mwy fel tapas.

Dwi'n hoffi bwyta hwn gyda *membrillo* (jeli cwins o Sbaen) sy'n torri drwy'r saim ac mae tost bara olewydd yn hyfryd. Gallwch ei gadw am 2–3 wythnos yn yr oergell. Toddwch faint sydd angen yn y popty ping a'i roi ar y bara i dostio.

Mae'r caws yn llawn saim, a'r caws a mwg y bacwn yn flasau cryf, felly dewiswch win mawr os ydych yn ei fwyta fel tapas. Fel rhan o canapes dechreuol i swper bydd angen ystyried y blasau i gyd. Chablis neu win byrlymus sych fyddai orau. Mae hyn yn wir gyda'r ryseitiau caws eraill.

30   6–8

Selsig Morgannwg

- 125g caws Caerffili wedi'i gratio
- 125g cennin wedi'u sleisio'n fân
- 125g briwsion bara
- 50g caws Parmesan wedi'i gratio
- 2 wy
- 1 llwy fwrdd persli wedi'i dorri'n fân
- 1 llwy fwrdd mwstard Ffrengig
- Halen a phupur

Cymysgedd i rolio'r selsig:
- Powlen o flawd a halen a phupur ynddo
- 125g briwsion bara
- 1 wy gyda llaeth wedi'i gymysgu i wneud golchwy
- Olew i ffrio

Briwsion bara ffres sydd eu hangen ar gyfer y rysáit yma, nid y briwsion oren o baced. Bob tro mae rhan o dorth wen dros ben, byddaf yn torri'r crystyn ac yn rhoi'r bara gwyn yn y prosesydd mewn ciwbiau rhyw 3cm sgwâr i'w malu'n friwsion. Rhowch nhw mewn bag plastig a'u rhewi ar gyfer gwneud y selsig yma neu ar gyfer stwffin, byrgyrs ac yn y blaen.

1. Cymysgwch y cynhwysion o'r rhestr gyntaf mewn powlen nes eu bod yn gludo yn ei gilydd. Mae'n gallu bod ychydig yn anodd ei drin ond gallwch ychwanegu mwy o wy os oes angen.
2. Cymerwch lond llwy bwdin o'r gymysgedd a'i siapio fel selsig bach a'i rolio yn y blawd, wedyn ei roi yn y gymysgedd wy, yna ei rolio yn y briwsion bara.
3. Twymwch yr olew. Dylai'r selsig wneud sŵn ffrio yn syth.
4. Trowch y selsig nes eu bod yn frown drostynt.

Gallwch ddefnyddio 'dip' o ryw fath i weini gyda'r rhain – mayonnaise neu ryw fath o saws tomato. Rydym wedi mynd â'r rhain ar bicnic staff ac maen nhw'n boblogaidd iawn!

30   12

Byns garlleg gwyllt

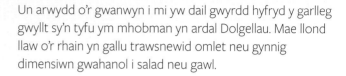

- 250ml dŵr
- 100g menyn
- 125g blawd plaen
- 4 wy wedi'u curo
- 125g caws gafr meddal
- Llond llaw o ddail garlleg gwyllt wedi'u torri'n fân
- ½ llwy de sest lemon
- 1 llwy de sudd lemon
- Halen a phupur

Nwy 6 / 200°C

Un arwydd o'r gwanwyn i mi yw dail gwyrdd hyfryd y garlleg gwyllt sy'n tyfu ym mhobman yn ardal Dolgellau. Mae llond llaw o'r rhain yn gallu trawsnewid omlet neu gynnig dimensiwn gwahanol i salad neu gawl.

1 I wneud y toes, rhowch y dŵr a'r menyn mewn sosban a'u berwi'n fyrlymus.
2 Tynnwch oddi ar y gwres. Ychwanegwch y blawd wedi'i ridyllu a chymysgu'n dda.
3 Ar dymheredd isel, parhewch i droi'r gymysgedd tan mae'n dod oddi wrth yr ochrau'n hawdd.
4 Gadewch i'r gymysgedd oeri ychydig bach.
5 Ychwanegwch ychydig o'r wy ar y tro a gwneud yn siŵr ei fod wedi ei gymysgu i mewn i'r toes cyn rhoi'r cyflenwad nesaf i mewn.
6 Rhowch olew ar hambwrdd pobi a, gyda bag peipio, peipiwch beli bach maint marblen, gan adael modfedd rhwng pob un.
7 Pobwch am 10–15 munud. Dylai'r byns fod yn frown.
8 Gadewch iddynt oeri ychydig cyn rhoi twll yng ngwaelod pob un gyda chyllell fach a'u gadael i oeri'n llwyr.
9 Cymysgwch y caws a gweddill y cynhwysion gyda halen a phupur. Ac eto, defnyddiwch y bag peipio i chwistrellu'r gymysgedd i mewn i'r byns choux, trwy'r twll yn y gwaelod.

Mae'n bosib coginio'r rhain a'u cadw am ddyddiau yn yr oergell. Mae hefyd yn bosib eu rhewi. Opsiynau eraill i'w rhoi ynddyn nhw: garlleg, cennin syfi (chives), eog wedi'i fygu, unrhyw bate llyfn ac wrth gwrs, maen nhw'n berffaith efo hufen a siocled ar ddiwedd pryd neu gyda choffi.

45   12–16

Tortilla Fina

- 400g tatws wedi'u pilio a'u torri'n sleisys tenau
- 200g nionod wedi'u sleisio
- 200g llysiau eraill fel pupur, moron a ffa Ffrengig wedi'u torri'n ddarnau bach
- 4 ewin garlleg cyfan wedi'u pilio
- 6 wy
- Perlysiau cymysg
- Paprica (pinsiad)
- Halen a phupur
- Olew olewydd (digon i orchuddio'r tatws a'u coginio)

Padell *non-stick* weddol ddwfn

Mae llawer o Sbaenwyr wedi dod i Ddolgellau dros y blynyddoedd i weithio dros dro, ac rydym wedi dod yn ffrindiau da gyda sawl un, gan ymdrechu gyda'n Sbaeneg clapiog. Byddaf yn ceisio cadw cysylltiad ar ôl iddyn nhw fynd yn ôl i Sbaen, sydd gymaint haws y dyddiau yma. Dysgodd Fina i mi sut i wneud tortilla.

1   Ysgwydwch halen dros y tatws a'u gadael am 10 munud. Golchwch yr halen i ffwrdd a sychu'r tatws gyda phapur cegin.
2   Cynheswch ddigon o olew i orchuddio'r tatws a'r llysiau mewn padell ffrio, sy'n ddigon mawr i ddal y cynhwysion yn gyfforddus. Ychwanegwch y tatws, y llysiau a'r garlleg i'r olew poeth.
3   Coginiwch nes eu bod yn feddal ond nid yn frown.
4   Yn ofalus, gyda llwy dyllog, tynnwch y cynhwysion o'r badell a'u rhoi i'r naill ochr. Cewch dynnu'r garlleg allan os nad ydych yn hoffi meddwl am fwyta ewin cyfan, ond nid oes iddo flas cryf ar ôl ei goginio fel hyn.
5   Cadwch yr olew poeth i'w ddefnyddio eto.
6   Glanhewch y badell a rhoi llond llwy bwdin o olew olewydd i gynhesu ynddi. Yn y cyfamser, curwch yr wyau'n dda mewn powlen fawr efo'r perlysiau, y paprica, a'r halen a phupur.
7   Ychwanegwch y llysiau, a rhoi'r cyfan yn y badell boeth.
8   Coginiwch ar wres isel am tua 5–10 munud nes ei fod bron â setio yn y canol. Defnyddiwch sbatiwla i ofalu bod yr ochrau a'r gwaelod yn rhydd o'r badell. Rhowch o dan y gril i gwblhau'r coginio – dylai deimlo'n gadarn yn y canol. Bydda i'n ei droi allan ar blât ac yna ei roi'n ôl yn y badell i roi lliw i'r ochr arall hefyd, ond does dim rhaid gwneud hyn.

Gallwch weini hwn ar ddarn o fara Ffrengig fel tapa neu canape. Mae hefyd yn hyfryd yn oer ar bicnic neu i ginio prynhawn gyda salad a mayonnaise.

Gwin o ardal Rueda yng ngogledd-orllewin Sbaen fyddai'n gweddu i'r tortilla, ac i'r byns a'r selsig oherwydd nid oes blasau mawr, cryf ond mae angen gwrthweithio'r blas hufennog heb ei guddio. Beth am Sauvignon Blanc? I mi, Verdejo o'r ardal honno sydd orau, y grawnwin traddodiadol. Mae'n sych, yn ffres a bywiog a ddim yn rhy drwm.

Ffrainc

LOIRE
Domaine Huet

Cofiaf un o'r teithiau cyntaf i hen stad ar y Loire yn ardal Vouvray, i ymweld â chynhyrchwr digon enwog, sef Domaine Huet.

Oherwydd natur ein gwaith roedd ein gwyliau'n gorfod bod yn ystod hanner tymor yr hydref, ac roedd hi'n bwrw glaw'n ysgafn wrth yrru ar hyd y lonydd bach uwchben y dref a straffaglu i ddarganfod y winllan. Arhoson ni am ychydig i wylio peiriannau'n hel grawnwin, rhywbeth nad oedden ni wedi ei weld erioed: tractor rhyfedd â choesau hir yn rhwygo'r grawnwin oddi ar y winwydden cyn eu gollwng i mewn i drelar.

Pan ddaethom o'r diwedd o hyd i gartref Huet – tŷ nobl wedi ei wneud o'r un graig â'r *châteaux* enwog yn yr ardal sef carreg *tufa* – doedd neb yn y dderbynfa ond, yn y man, daeth y dyn enwog ei hun, Gaston Huet, i'n cyfarch o'r gegin. Roedd yn ddiwrnod tawel yno ac yn ara bach, cynhesodd i'r dasg o esbonio cymhlethdodau cynhyrchu gwin gwyn o rawnwin Chenin Blanc. Wrth eistedd yn y gegin aeth â ni ar daith flasu o wahanol winoedd maent yn eu cynhyrchu o'r un grawnwin ac o'r un lle: gwin byrlymus, sych, canolig a melys. Cododd ei aeliau pan soniwyd am y peiriannau yn hel grawnwin yn y glaw mewn gwinllan gyfagos: "Beth maen nhw'n bwriadu ei gynhyrchu? Cawl?"

Yr hyn sydd mor bwysig am gynhyrchu'r gwahanol fathau o winoedd yma yw'r gallu i ddewis clystyrau o rawnwin â llaw. Er mwyn gwneud y gwinoedd mwy melys, bydd yn rhaid i'r gwinwr fynd trwy'r winllan yn dethol â llaw, unwaith, ddwywaith neu hyd yn oed dair gwaith i ddewis clystyrau sydd o'r aeddfedrwydd cywir. Dim peiriannau i Huet, ac yn bendant grawnwin heb eu difetha gan y glaw!

Aethom allan yn y glaw ysgafn a thrwy hen adwy fetel i'r
winllan arbennig, Le Haut Lieu. Esboniodd eu bod wedi
bod wrthi, yn y blynyddoedd diweddar, yn newid i
ddulliau biodynamig ac, o ganlyniad, roedd y tir yn llawer
gwell: yn fwy iach gyda blodau gwyllt yn tyfu rhwng y
gwinwydd. Siaradodd am yr hen winaeafau (*vintages*) yn
ymestyn yn ôl i 1887 roedd wedi'u blasu o'r un grawnwin
ac o'r un lle: dyn â chysylltiad â'r 19eg ganrif, a hanes,
daearyddiaeth a diwylliant yr un darn o dir yn teithio
trwy'r cenedlaethau. Wrth ddychwelyd i'r gegin gwnaeth
sylw bod y siclamen a oedd yn tyfu o dan y goeden fawr
bron â marw, ac roedd dwyster yn y dyn yn ei wythdegau,
ac yntau'n cyrraedd diwedd ei oes.

Yn ein seler yn casglu llwch, mae dwy botel o Moelleux
1996 a brynais ganddo – poteli gwin melys arbennig iawn.
Does dim hast i'w hyfed, ond pan wnawn ni, byddaf yn
meddwl am Gaston a'r blodau gwyllt ar y llwyfandir
uwchben tref Vouvray.

BOURGOGNE
Mâcon

Cysylltiadau a chyd-ddigwyddiadau annisgwyl sy'n mynd â chi i lefydd ambell waith. Ar daith i geisio dysgu am winoedd arbennig a chymhleth Bourgogne (mae'n ymddangos yn syml: Chardonnay i win gwyn a Pinot Noir i win coch, ond na, mae popeth yn dibynnu ar y tir – *terroir*) aethom i weld hen ffrind o ardal Dolgellau yn wreiddiol ond sydd erbyn hyn yn gerflunydd yn Ffrainc, Alan Mantle. Ar ôl bod yn y gwinllannoedd mwyaf enwog yn y gogledd cawsom agoriad llygad wrth ddarganfod y safon yn Mâcon a phrisiau llawer mwy derbyniol. Aethom i ymweld â Co-op yn Azé, taith lai na phum milltir dros y bryn o dŷ a stiwdio Alan. Roedd y safon yn wych a'r pris yn rhesymol, ac rydym wedi bod yn prynu o'r lle ers bron i ddeng mlynedd bellach.

Aethom ar wyliau i'r ardal hon yn 2012 gyda'r mab, Tom, a'i gariad Hayley ac roeddem wedi gwirioni wrth weld ceffyl gwedd yn cael ei ddefnyddio i weithio mewn un winllan. Am amser hir buom yn trafod beth oedd manteision parhau â'r dull yma. Dyna siom felly, drannoeth, ar ymweliad â Boisset pan ymatebodd y gwinwr, Gregory Patriat: "Pa! Jest sioe!" Wel, rwy'n hoffi'r syniad rhamantus ac mae'n gwneud llun da. Mae rhai'n dweud ei fod yn ysgafnach ar y pridd ac nad yw'n cael ei galedu gan beiriannau. A does dim gwadu ei fod yn ddull 'gwyrdd'.

Un o'm hoff ardaloedd yw Bourgogne, gyda'i phentrefi bach tlws ac enwog. Os ewch yno, ewch am ginio prynhawn i Lameloise yn Chagny. Wnewch chi ddim difaru, dyna un o'r prydau gorau i mi eu cael erioed. Cewch wedyn gerdded yn hamddenol trwy'r gwinllannoedd gan ddilyn arwyddion bach coch a melyn sy'n hwyluso pethau'n fawr ar ôl gwydraid neu ddau o win gyda'ch pryd.

Ymhellach i'r gogledd a – ffactor pwysig iawn – ychydig yn oerach, ond yn dal o dan yr enw Bourgogne, cewch winllannoedd enwog Chablis. Ardal fach yw hon, gyda llethrau unigol sydd wedi'u rhannu i Premier Cru a Grand Cru. Mae'r pridd calchaidd gwyn yn berffaith i'r grawnwin Chardonnay a ddefnyddir i wneud Chablis.

Arweiniad arall sy'n aml yn llwyddiannus yw gwybodaeth leol.

RHÔNE
Clairette de Die

Unwaith, pan oeddwn yn aros mewn *gîte* (gwaith trawiadol pensaer o'r Swistir roedd fy nhad wedi gwirioni arno!) aethom am bryd i'r unig fwyty oedd ar agor yn y pentref. Profais yno win meddal, melys a byrlymus o'r enw Clairette de Die am y tro cyntaf. Rhoddodd perchennog y bwyty gyfeiriad a chyfarwyddiadau i ni, a thrannoeth roeddem ar y ffordd gul dros y mynyddoedd i winllan y pâr ifanc sy'n cynhyrchu'r gwin unigryw a blasus yma. Mae Frederick ac Anouck Raspail yn defnyddio dull gwahanol i'r *méthode traditionnelle* a welir yn Champagne ac ardaloedd eraill. Mae'r eplesiad yn cael ei derfynu cyn i ormod o siwgr y grawnwin ddiflannu ac wedyn mae'r gwin yn cael ei roi mewn potel cyn cau cap arno, ac yna ei adael am ail eplesiad i greu swigod. Mae hyn yn cynhyrchu gwin ffres, persawrus gydag ychydig o felyster.

Gair am stoc a thoes

Os am brynu llyfr ryseitiau, rwyf yn mawr obeithio y bydd pawb yn gyfforddus yn coginio ohono. I'r diben hwn, ceisiaf wneud pethau'n syml, felly does dim problem gyda defnyddio stoc da wedi'i brynu. Ni allaf bwysleisio pwysigrwydd stoc da boed hwnnw'n un cartref, neu'n un wedi'i brynu. Mae'n cyfrannu'n fawr at flas eich bwyd.

Cyfeiriaf at stoc powdr yn y ryseitiau ac mae hwn ar gael mewn archfarchnadoedd a siopau bwydydd cyflawn. Gallwch roi llwyaid i mewn i gymysgedd yn hytrach na hydoddi ciwb. Os ydych chi'n defnyddio stoc hylif, dilynwch y cyfarwyddiadau i wneud y mesur sydd ei angen. Gall pinsiad bach roi bywyd ychwanegol i sawl rysáit.

Yn yr un modd, mae toes y gallwch ei brynu yn arbennig o dda ac os yw hyn yn gwneud bywyd yn haws i chi, prynwch o, da chi!

Gair bach hefyd am halen a phupur a sesnin cyffredinol. Mae'n bwysig blasu'n rheolaidd wrth goginio a defnyddio'ch blas i addasu'r sesnin. Ychwanegu ychydig ar y tro yw'r gamp!

Gwn fod Llinos yn rhoi ychydig o stoc yn ei chymysgedd omlet.

30   10-18

Cawl cyw iâr Tseinïaidd

- 1 llwy fwrdd olew sesami
- 400g cyw iâr - cig y frest wedi'i sleisio'n stribedi tenau
- 1 pupur coch
- 1 pupur melyn
- 1 foronen
- 1 genhinen
- 2 goes seleri
- 1 nionyn
- 200g madarch
- 2 ewin garlleg
- 2cm sgwâr sinsir wedi'i dorri'n fân iawn
- 1 llwy bwdin piwre tomato
- 1 litr stoc cyw iâr
- 100ml sieri melys
- 75ml saws soy tywyll
- 1 llwy bwdin siwgr brown meddal
- 1 llwy de perlysiau cymysg
- 1 llwy de 5-sbeis
- Halen a phupur
- Coriander a basil ffres

1 Cynheswch yr olew nes ei fod yn boeth iawn a ffrio'r cyw iâr yn gyflym.

2 Torrwch y llysiau i gyd yn sleisys tenau, ychwanegu'r llysiau at y cig a'u ffrio am ryw 8 munud.

3 Ychwanegwch y piwre, sieri, stoc, perlysiau, a halen a phupur.

4 Mudferwch am 5 munud.

5 Gwasgarwch y coriander a'r basil ffres wedi'u malu'n fras i addurno cyn gweini.

Rhoddais wydraid bach o sieri gyda'r cawl yma yn un o nosweithiau blasu Dylanwad Da a chafodd pawb siom ar yr ochr orau. Mae sbeis a halltrwydd bwyd Tseinïaidd yn golygu bod sieri'n gweddu'n dda.

30   8–10

Pistou

- 1 llwy fwrdd olew olewydd
- 1 nionyn wedi'i dorri'n fân
- 2 goes seleri
- 1 genhinen
- 1 pupur coch
- 1 foronen
- 1 gorbwmpen
- 2 litr stoc llysiau cryf
- 200g ffa Ffrengig
- 2 domato wedi'u torri'n eithaf mân
- 2 daten wedi'u deisio'n fân
- 200g ffa haricot (wedi'u coginio)
- Halen a phupur

Past
- 2 ewin garlleg
- 1 bwnsh mawr basil
- 30g caws parmesan wedi'i gratio
- 150ml olew olewydd

Mae hwn yn lot o gawl ond mae'n cadw'n dda yn yr oergell. Cawl blasus a iachus.

1 Chwyswch y llysiau wedi'u torri'n fân (heblaw am y ffa haricot, tatws, tomatos a ffa Ffrengig) ar dymheredd isel am tua 10 munud.

2 Ychwanegwch y stoc, gweddill y llysiau a'r halen a phupur a mudferwi am tua 5-10 munud tan mae'r llysiau wedi coginio.

3 Ychwanegwch halen a phupur, ond cofiwch fod y past yn ychwanegu blas hefyd.

4 Rhowch gynhwysion y past yn y prosesydd bwyd a phrosesu ar gyflymdra eithaf cyflym gan ychwanegu'r olew yn araf.

I weini: ychwanegwch lond llwy de o'r past i'r cawl poeth yn y sosban cyn gweini. Trowch i'w gymysgu a'i fwyta gyda bara ffres a chrwst da arno.

30   6–8

Caldo Verde

- 1 llwy fwrdd olew olewydd
- 300g bacwn cefn o safon uchel wedi'i fygu, wedi'i dorri'n stribedi tenau
- 1 nionyn wedi'i sleisio'n denau
- 2 ewin garlleg wedi'u malu'n fân
- 1½ litr stoc cyw iâr ncu stoc llysiau da
- 300g tatws wedi'u deisio
- 1 fresychen fach (Savoy neu haf) wedi'i thorri'n sleisys tenau
- Persli wedi'i dorri'n fân

Cawl traddodiadol o ogledd-orllewin Sbaen a Phortiwgal gyda'r math o gynhwysion syml sydd ar gael yng Nghymru yw Caldo Verde. Efallai nad yw'r syniad o gawl bresych a bacwn yn apelio nac yn swnio'n egsotig iawn ond mae cwsmeriaid y bwyty wastad yn ei fwynhau. Rhowch gynnig arno!

1   Rhowch yr olew yn y sosban i dwymo a ffrio'r bacwn ar dymheredd eithaf poeth.
2   Trowch y tymheredd i lawr i wres canolig ac ychwanegu'r garlleg a'r nionyn i chwysu am 5 munud nes eu bod yn feddal.
3   Ychwanegwch y stoc a'r tatws a gadael i'r cawl fudferwi am 10 munud.
4   Ychwanegwch y bresych a'i fudferwi am 10 munud arall tan mae'r bresych wedi coginio.
5   Ychwanegwch halen a phupur yn ofalus oherwydd mae'r bacwn yn ddigon hallt.

Gweinwch gyda phersli ffres wedi'i wasgaru drosto ac wedyn mymryn o olew olewydd da.

Gyda bara, gallai'r Pistou a'r Caldo Verde fod yn ddigon fel prif gwrs. Rhowch gynnig ar win coch o'r Eidal fel Bardolino neu Valpolicella sydd yn ddigon ysgafn a ffrwythus.

25   6-8

Chowder cranc Pen Llŷn

- 50g menyn
- 2 foronen
- 1 nionyn
- 1 genhinen
- 2 goes seleri
- 1 llwy de piwre tomato
- 1 llwy bwdin blawd plaen
- 2 dun 200g corn melys
- ½ litr hufen dwbl
- 1 litr stoc pysgod neu stoc llysiau
- Perlysiau cymysg
- Halen a phupur
- 500g cig cranc
- Persli ffres wedi'i falu'n fân

Mae hwn yn gawl moethus ond yn bryd amheuthun ar y bwrdd!

1 Toddwch y menyn a chwysu'r llysiau wedi'u torri'n fân dros dymheredd isel am tua 10 munud.
2 Ychwanegwch y piwre a'r blawd a'u cymysgu i mewn gyda llwy bren. Bydd y gymysgedd yn twchu wrth ei chymysgu.
3 Ychwanegwch y stoc, ychydig ar y tro, a'i adael i dwchu'n araf.
4 Ychwanegwch un tun o'r corn melys a mudferwi eto am 5 munud.
5 Tynnwch y sosban oddi ar y gwres. Rhowch hanner y gymysgedd yn y prosesydd bwyd a'i brosesu. Dychwelwch hwn i'r sosban. Mae hyn yn rhoi cymysgedd sydd ag ansawdd *chowder*.
6 Ychwanegwch yr ail dun o gorn melys, yr halen a phupur, y perlysiau a'r hufen ac aildwymo'r gymysgedd cyn ei mudferwi am 5 munud.
7 Ychwanegwch y cig cranc a dod â'r cawl yn ôl i dymheredd mudferwi.

Gweinwch y cawl gyda digon o bersli ffres a bara.

Gyda'r pryd cyfoethog hwn mae angen rhywbeth digon pwerus i wrthsefyll y blas cryf. Mae gwin llawn blas ac asidig fel Riesling yn gallu torri ar yr hufen.

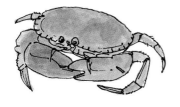

40   8–10

Pate porc a llugaeron

- 250g mins porc
- 250g cig bol porc
- 250g gamwn
- 250g iau mochyn
- 1 nionyn canolig wedi'i dorri'n fân
- 1 ewin garlleg wedi'i falu
- 1 llwy de perlysiau cymysg
- 1 wy
- 1 llwy de halen a phupur
- 50g llugaeron (*cranberries*)
- 50g cnau pistasio

Tun terîn ½k neu dun bara
Tun rhostio

Nwy 4 / 190°C

1 Rhowch y mins porc mewn powlen fawr.
2 Gyda chyllell finiog iawn, deisiwch y gamon a'r bol porc.
3 Wedyn, un ar y tro, proseswch y gamwn a'r bol porc. Bydd ansawdd llyfn neu fras y pate gorffenedig yn dibynnu ar yr amser rydych yn ei brosesu. Rhowch mewn powlen fawr gyda'r mins porc.
4 Deisiwch yr iau yn fân, a'i brosesu'n llyfn. Ychwanegwch y nionyn a'r garlleg a phrosesu eto.
5 Ychwanegwch y gymysgedd iau i'r bowlen at weddill y cynhwysion. Cymysgwch yn dda.
6 Rhowch haen o bapur gwrthsaim yn y tun coginio. Rhowch y gymysgedd ynddo. Wedyn, gorchuddiwch y tun â ffoil.
7 Rhowch y terîn mewn tun rhostio a thywallt dŵr poeth hyd at ei hanner. Gorchuddiwch y cyfan â ffoil. Rydych wedi creu eich *bain-marie* cartref!
8 Yn ofalus, rhowch yn y popty a'i goginio am 1½ awr.
9 Tynnwch allan o'r popty a'i adael yn y dŵr i oeri. Os yw'r tun terîn wedi codi, rhowch bwysau arno i'w wasgu i lawr.
10 Trowch allan o'r tun ar ôl iddo oeri a'i roi yn yr oergell. Gallwch gadw hwn yn yr oergell am sawl diwrnod.

Bwytewch gyda thost a phicl o ryw fath, saws llugaeron neu saws Cumberland gydag oren ac ychydig o salad.

40   12

Terîn cyw iâr a ham

- 500g cig brest cyw iâr
- 2 wynwy
- 500g ham wedi'i goginio ac wedi'i ddeisio'n giwbiau 1cm
- 100g gercins bach wedi'u deisio'n ddarnau 1cm
- 300ml hufen dwbl
- ½ llwy de halen
- ¼ llwy de paprica
- ¼ llwy de cwmin
- Pupur

Tun terîn

Nwy 4 / 180°C

Gair Ffrangeg am y potyn coginio yw *terrine* ac rydw i'n dal i ddefnyddio un a wnaeth fy ffrind Peter Jackson i mi yn ei ddosbarth crochenwaith ryw ugain mlynedd yn ôl!

1 Proseswch y cig brest cyw iâr.
2 Ychwanegwch y gwynwy a'r sesnin a phrosesu eto.
3 Rhowch y gymysgedd mewn powlen a phlygu'r hufen i mewn.
4 Plygwch y gercins a'r ham i mewn.
5 Leiniwch y tun terîn â chlingffilm a'i lenwi gyda'r gymysgedd. Pwyswch i lawr yn dda a'i lefelu fel na fydd tyllau aer ynddo.
6 Gorchuddiwch â chlingffilm ac wedyn â ffoil.
7 Rhowch y terîn yn y tun rhostio a thywallt dŵr poeth hyd at ei hanner. Gorchuddiwch y cyfan â ffoil.
8 Rhowch ar y gwres a dod â'r dŵr i'r berw cyn ei roi yn y popty.
9 Coginiwch am ryw awr tan iddo goginio drwyddo a'i fod yn teimlo'n gadarn.
10 Gadewch iddo oeri cyn ei dynnu allan o'r tun. Rhowch mewn clingffilm a'i gadw yn yr oergell.

Gweinwch gyda saws melys fel saws Cumberland neu gyda mayonnaise a mwstard graen wedi'i gymysgu ynddo.

40   8

Ffagot

- 500g iau mochyn
- 200g cig bol porc wedi'i dorri'n fân
- 60g siwed
- 60g briwsion bara
- 1 nionyn wedi'i dorri'n fân
- Pinsiad o nytmeg
- 1 llwy de saets
- 1 llwy de halen
- ¼ llwy de pupur

Nwy 6 / 200°C

1   Torrwch y tiwbiau o'r iau a'u taflu, gan adael y darnau brau.
2   Rhowch yn y prosesydd a'i brosesu'n llyfn.
3   Ychwanegwch y porc a'r nionyn i'r iau yn y prosesydd a chwalwch eto am amser byr.
4   Rhowch weddill y cynhwysion mewn powlen fawr ac ychwanegu'r cig. Cymysgwch yn dda.
5   Rhowch y cyfan mewn tun wedi'i leinio â phapur gwrthsaim.
6   Gorchuddiwch â ffoil.
7   Coginiwch am 45 munud. Tynnwch y ffoil a'i goginio am 15 munud arall.

Mae hwn yn hyfryd gyda saws afal ag ychydig o sbeis ynddo.

30   6

Pate madarch

- 250g madarch wedi'u torri
- 50g menyn
- 50g briwsion bara meddal
- 2 lwy de nionyn wedi'i dorri'n fân iawn
- 80g menyn meddal
- 125g caws meddal fel Philadelphia
- ½ llwy de sest lemwn
- 1 llwy de sudd lemwn
- 1 llwy de powdr madarch (Madarch Eryri)
- Nytmeg
- Halen a phupur

6 ramecin neu bowlen fach

1 Mewn sosban, toddwch y menyn a choginio'r madarch yn araf ar wres canolig nes eu bod yn feddal. Trowch â llwy bren – nid oes angen eu ffrio a'u brownio. Gadewch iddynt oeri ychydig.

2 Rhowch yn y prosesydd bwyd a'u prosesu, gan adael darnau bach yn y gymysgedd.

3 Rhowch weddill y cynhwysion yn y prosesydd a phrosesu eto i gymysgu popeth.

4 Gyda llwy, rhowch y gymysgedd mewn ramecins bach. Mae'n haws defnyddio bag peipio eisin. Hefyd, gallwch beipio darnau bach ar gylchoedd o dost i wneud canapes.

5 Rhowch i oeri yn yr oergell a'u bwyta gyda thost a salad.

Mae madarch yn un o'r bwydydd sy'n anodd ei baru â gwin oherwydd bod blas cryf madarch yn gallu ein hatgoffa o lwydni sy'n amharu ar y ffordd mae'r gwin yn blasu. Dewiswch win coch ysgafn fel Beaujolais neu Valpolicella.

30   6

Pastai eog a chorgimychiaid

- Paced toes pwff
- 250g eog a chorgimychiaid (*prawns*) wedi'u torri'n ddarnau bach
- 100g tatws wedi'u torri'n fân
- 100g hanner a hanner cennin a nionyn wedi'u torri'n fân
- 50g menyn wedi toddi
- 1 llwy de sest lemwn a sudd
- ½ llwy de taragon sych
- Wy wedi'i guro
- Halen a phupur

Hambwrdd pobi

Nwy 6 / 200°C

1. Rholiwch y toes a thorri disgiau 15cm allan – 6 i gyd.
2. Cymysgwch y cynhwysion gyda'i gilydd.
3. I selio'r toes, brwsiwch y disgiau â'r wy.
4. Mae'n bosib prynu teclyn i wneud pastai ond os nad oes gennych un, rhowch lwy bwdin lawn ar ganol disg a'i blygu i wneud siâp pastai.
5. Pwyswch yr ochrau i lawr gyda fforc i ludo'r ddwy ochr.
6. Brwsiwch y bastai eto gyda'r wy wedi'i guro i roi lliw a rhowch dwll bach yn y top gyda chyllell.
7. Rhowch y pasteiod ar yr hambwrdd a choginio am 15–20 munud nes eu bod yn frown.

Bwytewch gyda saws tartar neu mayonnaise a leim ynddo ac ychydig o salad cymysg.

30   6

Pasten cyw iâr ac afal

- 300g cig cyw iâr wedi'i ddeisio
- 200g cig selsig
- 75g nionyn wedi'i dorri'n fân
- 75g cennin wedi'i dorri'n fân
- 75g seleri wedi'i dorri'n fân
- 1 afal bwyta wedi'i blicio a'i dorri'n fân
- ½ llwy de teim (sych neu ffres)
- 1 llwy de stoc powdr cyw iâr
- Halen a phupur
- 1 melynwy
- Paced o does pwff wedi'i rolio'n barod i 35cm x 25cm i'w roi ar ben y basten (*turnover*) cyn coginio
- Hadau pabi du
- Golchwy

Nwy 6 / 200°C

1 Rhowch ychydig o olew mewn padell a choginio'r nionod, y seleri a'r cennin am ryw 5–10 munud nes eu bod yn feddal. Oerwch am ychydig.
2 Rhowch y llysiau gyda gweddill y cynhwysion i gyd mewn powlen (heblaw am y golchwy a'r hadau pabi du) a'u cymysgu'n dda.
3 Rhowch y toes ar yr hambwrdd a thaenu'r gymysgedd mewn llinell ar hyd y canol.
4 Plygwch un ochr dros y llenwad a brwsio gyda golchwy, wedyn plygwch yr ochr arall drosto a gludo'r ddwy ochr.
5 Trowch o drosodd fel bod y llinell uno wedi'i chuddio o dan y basten. Brwsiwch y basten gyda'r golchwy a gwasgaru hadau pabi du drosti.
6 Pobwch am 25–30 munud.

Mae hwn yn berffaith ar gyfer picnic yn ogystal ag fel cwrs cyntaf, i'w fwyta ar ei ben ei hun gyda salad neu bicl o ryw fath.

50   8

Quiche tomato

Toes sawrus

- 225g blawd plaen
- 115g menyn oer
- ½ llwy de perlysiau cymysg
- Halen a phupur
- 1 wy
- 1 llwy bwdin dŵr oer

Tun fflan 25cm gyda gwaelod rhydd

Llenwad

- 300g llysiau cymysg wedi'u torri'n fân
- 5 wy
- 330ml hufen dwbl
- 125g caws Cheddar wedi'i gratio
- 125g tomatos *semi-dried*
- Llond llaw basil ffres wedi'i dorri'n fras
- Halen a phupur

Nwy 4 / 180°C

Toes sawrus

1. Proseswch y blawd a'r menyn (neu eu rhwbio i mewn yn dda â llaw).
2. Ychwanegwch y sesnin a'r perlysiau.
3. Ychwanegwch yr wy a'r dŵr a'i brosesu neu gymysgu â llaw i ffurfio pelen.
4. Rhowch mewn clingffilm a'i roi yn yr oergell am hanner awr.
5. Rholiwch y toes yn denau.
6. Leiniwch y tun â'r toes a phrocio'r gwaelod gyda fforc cyn ei bobi'n 'ddall' – h.y. rhaid coginio'r toes cyn rhoi'r llenwad ynddo. Gorchuddiwch y toes â phapur gwrthsaim a'i lenwi gyda phys seramig neu gallwch ddefnyddio pys sych. Golyga hyn fod y toes yn aros yn fflat.
7. Coginiwch am 30–45 munud.

Llenwad

1. Chwyswch y llysiau mewn ychydig o olew yn eich padell nes eu bod yn feddal.
2. Cymysgwch yr wyau a'r hufen gyda'i gilydd mewn powlen ddigon mawr i ddal y cynhwysion i gyd.
3. Ychwanegwch bopeth i'r gymysgedd hufen ond cadwch ychydig o'r caws ar ôl i'w roi ar y top.
4. Llenwch y cas toes â'r gymysgedd a gwasgaru ychydig o gaws ar ei ben.
5. Rhowch yn y popty i goginio am ryw 30 munud tan mae'r canol wedi setio.

30   6

Tarten tomato, caws gafr a basil

- 3 llwy fwrdd olew olewydd
- 500g nionod wedi'u sleisio'n weddol denau
- 2 ewin garlleg
- Tun tomatos wedi'u torri
- Llwy bwdin piwre tomato
- Llwy bwdin siwgr
- Llwy de perlysiau cymysg
- Llwy de stoc powdr llysiau
- Halen a phupur
- 250g caws gafr eithaf caled fel Pant Mawr wedi'i ddeisio'n giwbiau bach
- 250g caws Cheddar wedi'i gratio
- Llond llaw o ddail basil ffres wedi'u torri'n ddarnau
- Olew olewydd
- Halen a phupur
- Paced o does pwff

  Hambwrdd pobi 45cm x 25cm

  Nwy 6 / 200°C

Mae'r gymysgedd tomato yma'n cadw'n dda yn yr oergell a gallwch ei defnyddio i wneud pizzas neu pissaladière, sy'n draddodiadol o dde Ffrainc gyda brwyniaid (*anchovies*) arno.

1   Cynheswch yr olew mewn sosban. Yn araf, meddalwch y nionod a'r garlleg am ryw 15–20 munud gan droi bob hyn a hyn i osgoi llosgi.
2   Ychwanegwch y piwre, y tomatos, y siwgr, y perlysiau, y stoc a'r halen a phupur.
3   Coginiwch yn araf am ryw 15 munud, nes bod y gymysgedd yn twchu.
4   Rholiwch y toes yn denau (i wneud darn 20cm x 35cm).
5   Gwasgarwch y gymysgedd yn weddol denau, a gadael rhyw 1cm o fwlch o gwmpas yr ochrau.
6   Dotiwch y caws gafr ar hyd y gymysgedd tomato, wedyn y basil ac, yn olaf, y caws Cheddar.
7   Rhowch fymryn o olew olewydd dros y darten ac ychydig o halen a phupur hefyd.
8   Coginiwch mewn popty poeth am ryw 20 munud nes bod y toes wedi coginio yn y canol.

Bwytewch gyda salad *rocket* a'r tomatos gorau.

Yn draddodiadol, mae tomatos yn asidig iawn ac mae'n anodd cael gwin i gyd-fynd â nhw. Ond mae gwinoedd o'r Eidal yn dueddol o fod yn uchel mewn asid hefyd ac yn mynd yn dda gyda hwn ac yn torri trwy'r olew. Dewiswch rywbeth fel Valpolicella neu Bardolino.

15 4

Salad cranc ac afocado

- 350g cig cranc (brown a gwyn)
- 2 afocado wedi'u deisio
- 2 lwy fwrdd mayonnaise
- ½ leim – sest a sudd
- 125g tomatos bach, ciwcymbyr a phupur coch wedi'u torri'n fân iawn
- Halen a phupur
- Llond llaw coriander ffres wedi'i dorri'n fras

1 Yn syml iawn, cymysgwch y cynhwysion (heblaw'r coriander).
2 Rhowch ar blât a gwasgaru'r coriander drosto.

Mae hwn yn hyfryd gyda thost neu fara crystlyd ffres a salad gwyrdd.

Ar ben-blwydd John, fy nhad yng nghyfraith, yn ddiweddar cawsom hwn gyda gwin Riesling o'r Almaen: gwin ysgafn, llawn ffrwythau, isel o ran alcohol ac ychydig yn felys ond gyda balans asidig da. Roedd yn gweddu'n berffaith.

10   4

Salad pys siwgr snap, oren a chiwcymbyr

- 150g pys siwgr snap
- 150g ciwcymbyr wedi'i dorri'n ddarnau hir (*batons*)
- 1 oren mawr wedi'i rannu'n ddarnau
- ¼ letysen iceberg

Dresin
- olew salad
- 1 oren – sest a sudd
- 1 darn sinsir stem wedi'i dorri'n stribedi bach iawn
- Finegr gwin gwyn
- Siwgr
- 1 llwy de mwstard Ffrengig
- Halen a phupur

Rhaid rhoi clod i Emma sydd wedi bod yn gweithio gyda ni ers dros ugain mlynedd am feddwl am roi pys yn y salad hafaidd yma. Defnyddiwch gyllell siarp i dorri'r croen nid yn unig oddi ar yr oren ond oddi ar y darnau hefyd.

1   Taflwch y pys i ddŵr berwedig am 1–2 funud yn unig cyn eu hoeri'n sydyn trwy eu rhoi dan ddŵr oer. Os ydyn nhw'n fawr, torrwch yn eu hanner.
2   Cymysgwch y cynhwysion i wneud y dresin.
3   Rhowch gynhwysion y salad i gyd gyda'i gilydd ac ychwanegu halen a phupur cyn tywallt y dresin drosto i'w weini. Gwnewch yn siŵr bod pawb yn cael darnau bach o sinsir.

10   4

Salad betys, caws gafr a hadau pwmpen

- 250g betys wedi'u berwi a'u torri'n ddarnau
- 150g caws gafr
- 50g nionyn coch wedi'i sleisio'n denau
- 50g hadau pwmpen wedi'u tostio
- Olew hadau pwmpen
- Finegr balsamig
- Dail salad cymysg
- Halen môr a phupur

Rwy'n enwog yn y teulu am gael rants at y teledu a'r papur newydd pan na chredaf fod y pryd sy'n cael ei baratoi yn rysáit go iawn. Y math yma o rysáit y byddwn i'n rhagfarnllyd amdano fel arfer! Ond, mae'n blasu'n grêt.

1   Cymysgwch y betys, y caws gafr, y nionyn a'r hadau gyda'i gilydd ac ychwanegu halen a phupur.
2   Does dim angen gwneud dresin, dim ond taenu olew a finegr balsamig dros y salad.

Yn aml iawn clywch y geiriau 'gwin crisp a sych' a dyna beth mae'r ddau salad llysieuol ysgafn yma'n galw amdano. Byddai unrhyw win Sauvignon yn gweddu, neu Sancerre o'r Loire. Mae rhai arbennig ar gael o Seland Newydd hefyd.

Sbaen

RIOJA

Mae'r pleser o ymweld â Javier yn rheswm da dros brynu gwin yn Baja Rioja – ardal o Rioja sydd â llawer mwy o rawnwin Garnacha (Grenache) yn draddodiadol. Gwelir y grawnwin yma fel rhai llai addas i gynhyrchu gwin o'r safon orau yn Rioja. Fodd bynnag, mae Javier wedi plannu ei winllan bron i gyd â grawnwin Tempranillo. Mae'r ansawdd gorau yn aml yn dod o'r hen winwydd, er eu bod yn cynhyrchu llai a llai o rawnwin wrth heneiddio. Roedd tad Javier yn arfer gwerthu ei rawnwin i'r Co-op ond, erbyn hyn, mae'r busnes wedi datblygu ac wedi caniatáu i Javier brynu offer i ddechrau *bodega* ei hunan. Er bod ei uned yn daclus ac yn lân iawn, nid yw'n ddim o'i chymharu â'r plastai newydd yn yr Alta, fel yr un yn y llun ar dudalen 95.

Ond mae'n werth sôn bod rhai o'r cwmnïau mawr enwog yma'n curo'n achlysurol ar ddrws Javier i brynu ei win er mwyn ei ychwanegu at eu gwin eu hunain.

Mae rhai o'r gwinwydd yn ei winllan dros hanner can mlwydd oed (mor hen â fi!).

Rwy wedi dod yn hoff iawn o deulu Javier, a gallwn lenwi pennod gyfan ag atgofion o'r adegau pan mae'r croeso cynnes wedi arwain at wledd anferth. Mae ei dad yn dipyn o gymeriad ac yn mynnu fy mod yn mynd i weld y goeden olewydd 500 oed bob tro, a'r balchder yma tuag at y tir a'r cynnyrch sy'n rhoi pleser mawr i mi.

Cofiaf un tro, pan oedd gennyf apwyntiad i'w weld ym mis Mawrth (nid yr adeg orau i ymweld ond dyna sut mae hi wrth redeg bwyty) a gorfododd yr eira fi i brynu cadwyni i'w rhoi ar deiars y car er mwyn i mi allu gadael Soria, lle roeddwn wedi aros y noson cynt. Y munud y cyrhaeddais i, dywedodd dan chwerthin ei bod yn fiesta oherwydd yr eira a doedd dim gwaith yn y *bodega*. Cyrhaeddais dŷ Javier mewn pryd i ymuno â rhyw ugain o'r teulu, a phlant yn eu mysg, i gael gwledd o wahanol fwydydd traddodiadol wedi eu gosod ar fwrdd enfawr. Roedd sŵn a hwyl yn yr awyr ac roedd y gwin a'r gwirodydd yn llifo.

Dro arall, bu raid aros i gwsmeriaid pwysig o Catalunya adael cyn i Javier osod brigau gwinwydd yn y lle tân yng nghornel yr ystafell flasu a'u cynnau. Coginiodd tsiops bach, bach cig oen ar y tân i ni'n dau gael eistedd gyda'n gilydd i flasu rhai o'i winoedd gyda thomen o'r tsiops, chorizo, ham Serrano, salad a bara. Does byth ddigon o amser gen i yn ei gwmni, oherwydd mae'n rhaid symud ymlaen i'r lle nesaf bob tro.

Taith tapas Toro

Ar ymweliad bythgofiadwy arall â Sbaen, roeddwn yng nghwmni Nicola – Saesnes sydd wedi ymgartrefu yn ardal fach Toro.

Un o ardaloedd drutaf ac enwocaf Sbaen y dyddiau hyn yw Ribera del Duero. Duero yw'r enw yn Sbaen am yr un afon Douro ym Mhortiwgal sy'n gorffen ei thaith i Fôr Iwerydd yn Oporto. Mae Toro yn ardal sy'n dod yn fwyfwy adnabyddus am gynhyrchu gwinoedd o safon uchel ond mwy rhesymol eu pris. Ar y pryd, roedd Nicola yn gweithio i Bajoz oedd yn rhedeg *bodega* mawr newydd y tu allan i dref Toro.

Ar ôl blasu gwin aeth y ddau ohonom i fariau tapas yn y dref. Roedd un ohonyn nhw mewn adeilad gyda selerau wedi'u torri'n ddwfn i mewn i'r graig, ddau lawr o dan y ddaear – mae disgos yn cael eu cynnal yno yn rheolaidd erbyn hyn! Roeddwn yn poeni ychydig am iechyd a diogelwch a sut y byddem yn dianc yn sydyn mewn argyfwng! Mae llawer o selerau fel hyn yn y dref, lle roedd gwin yn arfer cael ei wneud dros y canrifoedd ond sydd, erbyn hyn, wedi gorfod arallgyfeirio.

Mae'n syndod y dewis o wahanol winoedd sydd ar gael i'w prynu wrth y gwydr yn y bariau tapas, a bydd pobl yn dod i mewn a gofyn am eu ffefryn gan gynhyrchwr lleol penodol. Mewn un bar, sylwodd Nicola ar fwrdd oedd heb ei glirio ers amser cinio. Aroglodd y decanter gwag oedd ar ganol y bwrdd a dyfalu o ba winllan leol roedd y gwin – a chadarnhaodd y dyn y tu ôl i'r bar ei bod hi'n hollol gywir! Y math yma o arbenigedd sy'n fy synnu o hyd.

Ar y daith o gwmpas bariau'r dref, roedd Nicola (sy'n llysieuwraig) yn dewis ein tapas ond dim ond yn datgelu beth oedden nhw ar ôl i ni eu bwyta. Roedd yn awyddus i mi brofi bwydydd a *delicacies* lleol. Roeddwn i'n gwybod beth oedd y rhan fwyaf ohonyn nhw, ond ddim rhai eraill. Fydda i byth yn archebu ambell un eto, fel y gwefusau buwch, rhaid dweud!

Pam mae blasu gwin yn aml yn golygu pryd o fwyd?

30   6

Caserol cig oen Cymreig a madarch Eryri

- 1kg cig oen wedi'i ddeisio
- 500g nionyn wedi'i dorri
- 250g seleri wedi'i dorri
- 250g moron wedi'u torri
- 500g madarch shiitake
- 1 llwy fwrdd blawd plaen
- Halen a phupur
- ½ llwy de teim sych
- 500ml stoc cig eidion neu gig oen
- Olew i ffrio

Nwy 5 / 190°C

Dydw i ddim yn ymddiheuro am roi tair rysáit cig oen yn y llyfr. Dyma beth mae pobl yn mwynhau ei fwyta yn y bwyty ac mae twristiaid a chwsmeriaid lleol yn gwirioni ar gig oen Cymreig sydd wedi ei fagu'n naturiol ar lethrau mynyddoedd Cymru.

1. Twymwch yr olew mewn padell ffrio a ffrio'r cig, rai darnau ar y tro, nes i'r tu allan frownio.
2. Rhowch y cig mewn caserol ar ôl ei frownio.
3. Ar ôl ffrio'r cig i gyd, rhowch lwy fwrdd arall o olew yn y badell i ffrio'r llysiau'n feddal.
4. Ychwanegwch y blawd, yr halen a phupur a'r teim a'u cymysgu'n dda.
5. Ychwanegwch y stoc, ychydig ar y tro, a chymysgu.
6. Rhowch y gymysgedd gyda'r cig yn y caserol. Os ydy'r saws ychydig yn rhy dew, ychwanegwch fwy o stoc.
7. Coginiwch yn y popty am 1½ awr, nes bod y cig yn frau.

Mae'n bosib defnyddio gwahanol fathau o fadarch. O fis Mehefin ymlaen, rwy wrth fy modd yn hel madarch gwyllt fel chanterelle neu boletus ond mae pob math o wahanol rai ar gael i'w prynu yn yr archfarchnad, neu'r Ardd Fadarch yn Nantmor, y dyddiau hyn.

Byddai gwin coch sydd ddim yn rhy lawn yn gweddu i'r pryd yma; gwin gweddol ysgafn nad yw'n tarfu ar flas delicet y madarch ond sydd â digon o asid ynddo i dorri ar fraster y cig oen. Mae unrhyw Pinot Noir yn addas, a byddai'n bosib cael yr un blasau hydrefol gyda hen win Bourgogne.

30   6–8

Cig oen Rioja

- 2kg coes cig oen wedi'i diesgyrnu
- 1 nionyn wedi'i sleisio
- 250ml stoc cig oen
- 250ml Rioja (neu unrhyw win coch da)
- 1 llwy de teim sych
- 1 llwy de stoc powdr cig eidion
- 1 llwy bwdin blawd corn
- Halen a phupur

Nwy 5 / 190°C

1   Gofynnwch i'ch cigydd ddiesgyrnu a rholio'r goes a'i thrimio'n dda. Cadwch yr esgyrn a'r trimins i wneud stoc.
2   Gwnewch y stoc ymlaen llaw trwy ferwi'r esgyrn a'r trimins. Sgimiwch y saim o dop y stoc a'i roi i'r naill ochr.
3   Rhowch ychydig o'r saim mewn tun rhostio a'i gynhesu.
4   Browniwch y cig oen a'i selio'n frown.
5   Tynnwch y cig oen allan o'r tun rhostio a'i roi i'r naill ochr.
6   Rhowch y nionyn yn y saim a'i frownio'n ysgafn.
7   Rhowch y cig oen yn ôl ac ychwanegu'r stoc, y stoc powdr (er mwyn rhoi mwy o flas) a'r gwin.
8   Ychwanegwch y teim a'r halen a phupur.
9   Gorchuddiwch â ffoil a'i roi yn y popty am 2½ awr. Trowch y goes o leiaf unwaith yn ystod yr amser coginio.
10 Tynnwch o'r popty a thywallt y grefi i mewn i sosban. Gorchuddiwch y cig oen a'i adael i orffwys tra ydych yn gorffen y grefi.
11 Berwch y grefi'n galed i'w leihau a sgimio'r saim o'r top. Gallwch ei dwchu gydag ychydig o flawd corn wedi'i gymysgu â dŵr.
12 Sleisiwch ddarnau gweddol dew o'r cig a'i weini gyda'r grefi.

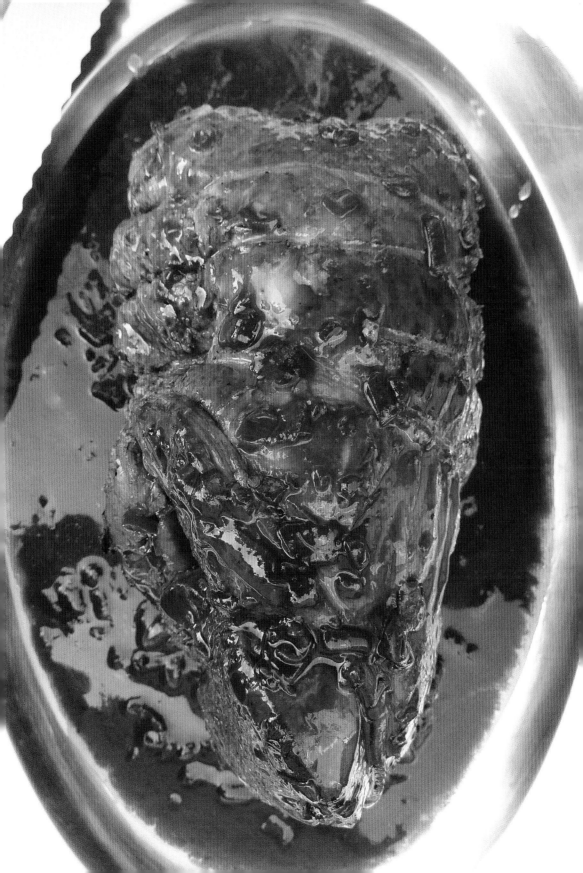

45   6-8

Pei cig oen, Port, eirin a sinsir

- 1 x 2.5k coes cig oen – yr asgwrn wedi'i dynnu a'r cig wedi'i dorri'n giwbiau 2.5cm
- 2 lwy fwrdd olew
- 2 nionyn wedi'u torri
- 2 foronen wedi'u deisio'n fân
- 4 coes seleri wedi'u torri'n fân
- 1 llwy fwrdd blawd plaen
- 1 llwy fwrdd piwre tomato
- 375ml Port
- 4 darn sinsir stem wedi'u torri'n fân
- 1 llwy fwrdd surop y sinsir
- 450g eirin heb gerrig wedi'u torri'n fras
- 500ml stoc cig oen neu gig eidion cryf
- 1 llwy de teim
- Toes pwff – digon i orchuddio top y caserol
- Halen a phupur

Nwy 4 / 180°C

Defnyddir sinsir stem sydd ar gael mewn jariau ar gyfer y rysáit hon ac ychydig bach o'r sudd melys i dorri ar saim y cig oen. Gofynnwch i'ch cigydd dorri'r asgwrn o'r goes ac wedyn gallwch wneud stoc gyda'r asgwrn a'r gweddillion.

1   Twymwch yr olew mewn padell a brownio'r cig, ychydig ddarnau ar y tro, a rhoi'r darnau yng ngwaelod y caserol.
2   Ychwanegwch y nionod, y moron a'r seleri i'r badell a'u ffrio am rai munudau.
3   Rhowch y blawd yn y badell a'i droi i'w gymysgu gyda'r llysiau cyn ychwanegu'r piwre a chymysgu'r cyfan yn dda.
4   Ychwanegwch y Port a'r stoc, ychydig ar y tro, gan gymysgu'n dda.
5   Yna, ychwanegwch yr halen a phupur, y teim, y sinsir a'r surop.
6   Tywalltwch yr hylif dros y cig oen a'i roi mewn popty cynnes am 1½ awr neu ei goginio ar y stof.
7   Yna, rhowch yr eirin yn y caserol.
8   Rhowch y toes i orchuddio'r caserol a'i binsio o amgylch yr ochrau. Torrwch dwll gyda chyllell yn y canol i adael i'r stêm ddianc.
9   Rhowch yn ôl yn y popty a choginio am 30–40 munud arall tan i'r toes frownio.

Yn aml, mae gwinoedd yn cyd-fynd â bwydydd o'r un ardal. Maent wedi datblygu gyda'i gilydd ac felly yn gweddu'n dda. Yn ardal Rioja, maent yn gwirioni ar gig oen, a beth gwell i fynd gyda hwn na gwin coch o'r ardal honno? Nid yw'n rhy bwerus ond mae digon o flas i fynd efo'r cig.

Mae gwahanol lefelau o Rioja: Joven (y gwin ifanc heb dderw); Crianza (y lefel o safon gyntaf sydd wedi cael ei aeddfedu mewn casgen dderw); Reserva (mwy o amser mewn casgen dderw a photel); a Gran Reserva (mwy fyth o amser mewn casgen dderw a photel). Mae'r cymhlethdod yn tyfu wrth i bobl wneud cuvées arbennig sydd ddim o angenrheidrwydd yn dilyn y rheolau ond sydd yn aml yn cynhyrchu'r gwin gorau.

30   4

Stêc gyda saws Pommery

- 4 stêc 240g yr un
- Olew i ffrio

Saws Pommery
- 70ml gwin gwyn
- 125ml stoc cig eidion
- 125ml hufen
- 4 llwy de mwstard Pommery
- Halen a phupur

Popty ar dymheredd isel i adael i'r stêc orffwys ond nid ei goginio

Nid oes gril wedi bod gen i yn Dylanwad Da erioed.

Pan ofynnais i staff a chwsmeriaid selog beth hoffen nhw ei weld yn y llyfr coginio, roedd stêc a'r saws hwn yn codi'n aml. Dechrau stecsan dda yw ei bod wedi hongian am amser. Does dim llawer wedyn y gall y cogydd ei wneud i'w gwella. Gofynnwch am syrlwyn sydd wedi bod yn hongian am o leiaf dair wythnos.

Fy hoff ddull o goginio stêc yw mewn padell boeth. Gyda'r dull yma, cewch flas sudd y stecsan i goginio'r saws, ac mae blas y saws i gyd yn dibynnu ar y lleihad (*reduction*). Y cwbl mae hyn yn ei olygu yw berwi'r hylif fel ei fod yn lleihau yn ei faint, yn twchu ac yn cynyddu dyfnder y blas.

Rhaid arbrofi gydag amseru coginio stêc oherwydd mae sawl ffactor yn newid hyd y coginio: pa mor drwchus ydi'r darn cig yw'r un pwysicaf ac, wrth gwrs, tymheredd y badell. Dwi'n hoffi canolig/gwaedlyd ac i stêc 240g, rhyw 2cm o drwch, byddaf yn ei ffrio am tua 3 munud bob ochr.

1. Cynheswch y badell nes bod yr olew'n boeth a rhoi'r stêc ynddi yn ofalus. Os oes un person yn hoffi ei stêc wedi ei choginio am lai o amser, rhowch i mewn ychydig yn hwyrach.
2. Coginiwch y stêc am rai munudau ar un ochr.
3. Trowch a'i choginio am yr un amser â'r ochr gyntaf.
4. Rhowch y stêcs yn y popty i orffwys ac i gadw'n gynnes.
5. Ychwanegwch y gwin gwyn i'r badell a, gyda llwy bren, coginiwch gan droi a glanhau'r badell (*deglaze*).
6. Ychwanegwch y stoc a choginio'r saws i'w leihau nes ei fod bron â diflannu. I wneud hyn mae angen i'r hylif fyrlymu.
7. Ychwanegwch yr hufen, y mwstard graen a'r halen a phupur a'i leihau unwaith eto. Dylai'r ansawdd fod yn dew a hufennog.
8. Tywalltwch dros y stêc i'w weini.

20   4

Dau saws arall i fynd gyda stêc

Saws madarch a Madeira

- 25g menyn
- 1 nionyn wedi'i ddeisio'n fân
- 250g madarch wedi'u sleisio'n denau
- 1 llwy bwdin piwre tomato
- 1 llwy bwdin blawd
- 250ml Madeira
- 250ml stoc cig eidion
- ½ llwy de teim
- Halen a phupur

Gallwch baratoi'r ddau saws yma ymlaen llaw, a'u cadw yn y rhewgell. Coginiwch y stêc yn yr un ffordd ac yna glanhau'r badell efo gwin coch. Wedyn, ychwanegwch lond llwy fwrdd fawr o'r saws i'r lleihad gwin coch, cyn ei roi ar y stêc i'w weini.

Roeddwn i'n arfer defnyddio blawd plaen yn y ddau saws ond, erbyn hyn, gyda gwahanol afiechydon fel *coeliac*, dwi'n tueddu i ddefnyddio cymysgedd o flawd corn a dŵr i dwchu'r saws.

1 Toddwch y menyn ac ychwanegu'r nionod i'w brownio fel eu bod yn carameleiddio'n araf ond ddim yn llosgi. Gall hyn gymryd 15 munud.
2 Ychwanegwch y madarch a'u coginio'n feddal.
3 Cymysgwch y piwre tomato gyda'r nionod a'r madarch.
4 Ychwanegwch y blawd a chymysgu'n dda cyn ychwanegu'r stoc a'r Madeira, ychydig ar y tro.
5 Ychwanegwch y teim, a'r halen a phupur.
6 Mudferwch am 20–30 munud.
7 Blaswch y gymysgedd i fesur y sesnin.
8 Gadewch i oeri a'i gadw yn yr oergell.

Dywedais wrth Llinos wrth ysgrifennu'r rysáit yma fod rhaid ei alw'n 'Claret & Blue', fel bod pobl yn deall y jôc. 'Pa jôc?' gofynnodd yn syth. Sylweddolais fod fy hiwmor wedi disgyn ar glustiau byddar ers 25 mlynedd. Cefais fy magu yn Essex a'r tîm pêl-droed lleol oedd West Ham. Un o ffugenwau'r tîm ydi 'Claret & Blue' a dyna lle cefais yr enw i'r saws. O, wel!

Yn wahanol i'r tîm pêl-droed, mae'r saws yn gryf ac yn gyfoethog iawn!

1 Toddwch y menyn a ffrio'r nionod yn feddal ond ddim yn frown.
2 Ychwanegwch y Claret a'r stoc a'i ferwi'n fyrlymus i'w leihau i'r hanner.
3 Ychwanegwch yr hufen ac yna cymysgu'r cawsiau ynddo.
4 Cymysgwch y blawd corn mewn cwpan gydag ychydig o ddŵr nes bod yr hylif yn llyfn. Ychwanegwch i'r saws sy'n mudferwi tan iddo dwchu.
5 Rhowch y gymysgedd mewn prosesydd bwyd a'i chwalu nes ei fod yn llyfn.
6 Gadewch i oeri a'i gadw yn yr oergell nes bydd angen ei ddefnyddio. Gall gadw am rai dyddiau.

Saws 'Claret & Blue'

- 25g menyn
- 1 nionyn wedi'i dorri'n fân iawn
- 250ml Claret (neu unrhyw win coch)
- 250ml stoc cig eidion
- 125ml hufen dwbl
- 70g caws Perl Las heb y croen wedi'i dorri'n ddarnau bach
- 70g caws Roquefort wedi'i dorri'n ddarnau bach
- Halen a phupur (ond, cofiwch fod y caws yn hallt)
- 1 llwy de blawd corn

40   4

Peli cig sbeislyd

Peli

- ▦ 500g mins cig eidion
- ▦ ½ nionyn wedi'i dorri'n fân
- ▦ ½ pupur coch wedi'i dorri'n fân iawn
- ▦ 90g briwsion bara
- ▦ 1 llwy de perlysiau cymysg
- ▦ 1 ewin garlleg wedi'i falu
- ▦ 1 llwy de stoc powdr cig eidion
- ▦ 1 wy
- ▦ ½ llwy de cwmin
- ▦ ½ llwy de paprica
- ▦ Halen a phupur
- ▦ Olew i ffrio

Saws

- ▦ Olew olewydd
- ▦ 1 nionyn
- ▦ 1 pupur gwyrdd
- ▦ 2 goes seleri
- ▦ 1 ewin garlleg wedi'i falu
- ▦ 1 tun tomatos
- ▦ 1 llwy bwdin piwre tomato
- ▦ 250ml stoc cig eidion
- ▦ 1 llwy de perlysiau cymysg
- ▦ 1 llwy bwdin siwgr
- ▦ 1 llwy de paprica
- ▦ Halen a phupur

Peli

1 Cymysgwch y cynhwysion i gyd mewn powlen.
2 Ffurfiwch beli trwy ddefnyddio llwy bwdin.
3 Cynheswch olew mewn padell ffrio fawr.
4 Browniwch y peli ar dymheredd gweddol uchel, ychydig ar y tro.
5 Rhowch y peli i'r naill ochr.

Saws

1 Yn yr un badell (does dim angen ei golchi) ychwanegwch olew i dwymo os oes angen.
2 Ffriwch y nionyn, y pupur, y garlleg a'r seleri yn feddal.
3 Ychwanegwch y piwre a'r tomatos a'u cymysgu cyn ychwanegu'r stoc.
4 Rhowch weddill y cynhwysion i mewn.
5 Rhowch y peli yn y saws a'u gorchuddio.
6 Mudferwch am 20 munud.

Gweinwch gyda reis neu fara.

30   4–6

Porc a ffa Boston

- 600g porc wedi'i ddeisio
- 150g bacwn wedi'i fygu, wedi'i ddeisio'n fân
- 2 foronen
- 1 pupur coch bach
- 1 nionyn
- 2 goes seleri
- 2 ewin garlleg
- 1 llwy bwdin piwre tomato
- Tun tomatos wedi'u torri
- 500ml stoc cyw iâr
- 1 llwy bwdin triog
- 1 llwy de perlysiau cymysg
- 250g ffa gwyn (*butter beans*) wedi'u coginio
- Halen a phupur
- Olew i ffrio

Dyma un o brydau fy mam. Chafodd hithau ddim llawer o amser i fy nysgu, yn anffodus, ond hi roddodd fi ar ben ffordd mewn gwirionedd. Y job gyntaf a gefais gartref oedd gwneud y grefi i'r cinio dydd Sul. Cofiaf sefyll ar gadair i gymysgu'r blawd yn y tun rhostio, a defnyddio dŵr o'r llysiau i roi blas. Y rysáit yma a gadwodd fi trwy flynyddoedd prifysgol (yn ei bwyta weithiau 4 neu 5 noson mewn wythnos). Mae ynddi lwyth o faeth, mae'n rhad ac yn gysur ar noson oer.

1 Rhowch olew yn y badell ffrio a brownio'r cig, ychydig ar y tro, yna eu rhoi mewn sosban.
2 Os oes angen, rhowch ychydig mwy o olew i ffrio'r bacwn a'i ychwanegu at y cig yn y sosban.
3 Ffrïwch y llysiau i'w meddalu cyn ychwanegu'r piwre, y tomatos a gweddill y cynhwysion heblaw am y ffa gwyn.
4 Cymysgwch yn dda a'i dywallt dros y cig.
5 Coginiwch ar y stof am tua 1¼ awr tan mae'r porc yn frau. Ychwanegwch fwy o ddŵr os oes rhaid.
6 Ychwanegwch y ffa gwyn a choginio am 15 munud arall.

Bwytewch gyda bara ffres neu reis.

Doeddwn i ddim yn gyfarwydd â gwin pan oeddwn yn y coleg ond mae gwin coch cyfoethog, aeddfed gyda digon o flas ffrwythau tywyll yn gweddu'n berffaith. Byddwn i'n dewis Zinfandel o Galifformia neu Malbec o'r Ariannin.

20   4

Cyw iâr, cnau pîn a sieri

- 8 clun cyw iâr neu ddarnau tebyg
- 1 llwy bwdin olew
- 1 nionyn mawr wedi'i dorri'n fân
- 2 goes seleri wedi'u torri'n fân
- 150ml sieri
- 300ml stoc cyw iâr
- 50g syltanas
- 1 llwy de teim
- Halen a phupur
- 50g cnau pîn wedi'u tostio

1 Cynheswch olew mewn padell fawr a browniwch y darnau cyw iâr, y croen yn gyntaf a'u rhoi i'r naill ochr.
2 Ychwanegwch y nionod a'r seleri i'r badell i feddalu.
3 Rhowch y cyw iâr yn ôl yn y badell, ac ychwanegu'r sieri, y stoc, y sesnin, y syltanas a'r teim i'r gymysgedd.
4 Mudferwch, gyda'r caead arno, am 20 munud.
5 Os hoffech saws ychydig yn dewach, rhowch lond llwy de o flawd corn wedi'i gymysgu â dŵr a'i droi i mewn i'r saws.
6 Gwasgarwch y cnau pîn dros y cyw iâr cyn gweini.

30   4

Cyw iâr gyda sbigoglys a chnau coco

- 1 llwy bwdin olew ysgafn
- 500g cig cyw iâr mewn ciwbiau 2cm
- 1 nionyn wedi'i ddeisio'n fân
- 2 goes seleri wedi'u deisio'n fân
- 125ml gwin gwyn
- 125ml stoc cyw iâr
- 250g sbigoglys (*spinach*)
- 1 tun llaeth cnau coco
- 250g caws meddal fel Philadelphia
- 1 llwy bwdin blawd corn
- Halen a phupur

1 Cynheswch yr olew mewn sosban a meddalu'r nionyn a'r seleri.
2 Ychwanegwch y cyw iâr a'i goginio i'w selio.
3 Ychwanegwch y gwin, y stoc a'r halen a phupur.
4 Rhowch gaead ar y sosban a'i fudferwi am 15 munud.
5 Ychwanegwch y sbigoglys a'r llaeth cnau coco.
6 Cymysgwch y caws meddal i mewn.
7 Os oes angen twchu'r gymysgedd, ychwanegwch flawd corn sydd wedi'i gymysgu â dŵr.

Gweinwch gyda phasta, neu reis, a llysiau gwyrdd.

30 4

Cyw iâr gyda saws cennin a Pernod

Saws

- 25g menyn
- ½ nionyn wedi'i ddeisio'n fân
- 1 goes seleri wedi'i dorri'n fân
- 125g cennin wedi'u torri'n sleisys tenau
- 125ml gwin gwyn
- 125ml stoc cyw iâr
- 125ml hufen dwbl

Cyw iâr

- 4 brest cyw iâr
- 1 llwy bwdin olew ysgafn
- 25ml Pernod
- Halen a phupur

Saws

1 Toddwch y menyn mewn sosban a chwysu'r nionyn, y seleri a'r cennin.
2 Ychwanegwch y gwin a'r stoc a berwi i'w leihau i'r hanner.
3 Ychwanegwch yr hufen a'r sesnin a'i leihau eto.
4 Rhowch i'r naill ochr am y tro.

Cyw iâr

1 Mewn padell, ffrïwch y cyw iâr ar y ddwy ochr i'w frownio am ryw 5 munud bob ochr.
2 Rhowch y caead ar y badell a'i adael i goginio am ryw 10 munud. Gofalwch nad yw'n llosgi. Gallwch ychwanegu ychydig o stoc a gwin i waelod y badell i osgoi hyn.
3 Tywalltwch y Pernod dros y cyw iâr yn ofalus.
4 Tynnwch y darnau cyw iâr allan a'u cadw'n gynnes yn y popty.
5 Tywalltwch y saws i mewn i'r badell i'w ailgynhesu.
6 I weini, rhowch y saws a'r cyw iâr ar y platiau.

30   6

Kerala maelgi a chorgimychiaid

- 50g menyn
- 1 pupur coch
- 1 pupur melyn
- 1 gorbwmpen
- 1 nionyn
- 1 foronen
- 1 goes seleri
- 2 ewin garlleg wedi'u malu
- 2cm sinsir wedi'i dorri'n fân iawn
- 1 llwy bwdin yr un o'r powdrau canlynol: coriander, cwmin, twrmeric, paprica
- 1 llwy bwdin past cyri
- 1 llwy bwdin blawd
- ½ litr stoc pysgod neu stoc llysiau
- 1 tun 400g llaeth cnau coco
- Halen a phupur du
- 160g i bob person o gorgimychiaid a ffiled maelgi (*monkfish*) wedi'i dorri'n ddarnau
- Llond llaw o goriander ffres wedi'i falu
- Olew i goginio

Roeddwn i'n hoffi teithio gyda 'nhad ond un wlad nad oedd yntau'n awyddus i fynd yn ôl iddi oedd India, ar ôl ei brofiadau yno yn ystod yr Ail Ryfel Byd. Mi ymwelais â'r ysbyty yn y bryniau ger Uti lle cafodd ei anfon pan oedd yn dioddef o'r jawndis. Roeddwn wrth fy modd gyda'r defnydd gofalus o sbeis ysgafn yn ne India. Gallwch wneud y saws yma ymlaen llaw ac ychydig iawn o amser wedyn mae'n ei gymryd i goginio'r pysgod.

1. Toddwch y menyn mewn sosban a choginio'r llysiau, wedi'u torri'n fras, nes eu bod yn feddal.
2. Ychwanegwch y sbeisys, yr halen a digon o bupur du, yna'r blawd, a'u troi'n dda.
3. Ychwanegwch y stoc yn araf, a'i droi'n drylwyr.
4. Tywalltwch y llaeth cnau coco i mewn a mudferwi'r cyfan am 10 munud.
5. Oerwch a'i gadw yn yr oergell.

I goginio'r pysgodyn
1. Twymwch olew yn y badell a ffrio'r darnau o faelgi am ychydig funudau.
2. Rhowch ddigon o'r saws i bob person a dod â'r cyfan i'r berw.
3. Ychwanegwch y corgimychiaid a'u cynhesu cyn rhoi'r coriander ffres i mewn cyn gweini.

Y gwin rwy'n ei fwynhau gyda'r pryd yma yw Riesling o Awstria neu Alsace: mae'n ddigon pwerus ac mae'r blas leim yn gweddu i'r sbeis. Gallwch hefyd arbrofi gyda gwinoedd blodeuog ac aromatig fel Pinot Gris neu Gewürztraminer gyda chyrri ysgafn, neu fwydydd eraill o Asia.

30   4

Cegddu a saws pys a mintys

- 30g menyn
- 1 nionyn bach wedi'i ddeisio'n fân
- 1 goes seleri wedi'i deisio'n fân
- 125ml gwin gwyn
- 125ml stoc pysgod neu stoc llysiau
- 200g pys wedi'u rhewi
- 125ml hufen dwbl
- 1 llwy bwdin mintys ffres wedi'i dorri'n fân
- 1 llwy de saws mintys
- Halen a phupur
- Sleisen o lemwn
- 4 ffiled 160g cegddu (*hake*)

1 Toddwch y menyn yn y sosban a chwysu'r nionyn a'r seleri ynddi'n araf am rai munudau nes eu bod yn feddal.

2 Ychwanegwch y stoc, y sesnin a'r gwin gwyn a dod â'r cyfan i'r berw.

3 Ychwanegwch y pys a mudferwi'r gymysgedd am 10 munud.

4 Proseswch y gymysgedd i wneud y saws. Os hoffech saws llyfn, gwthiwch drwy ridyll hefyd, ond does dim rhaid gwneud hyn.

5 Rhowch y saws yn ôl yn y sosban ac ychwanegu'r hufen, y mintys a'r saws mintys.

6 Dewch â'r gymysgedd yn ôl i'r berw.

7 Twymwch ddŵr mewn padell ddofn gydag ychydig o halen a phupur a sleisen o lemwn ynddo.

8 Rhowch y pysgod i mewn yn y dŵr, a mudferwi'n araf am rai munudau gyda'r caead arno – dim mwy na 5 munud unwaith mae'r hylif yn mudferwi, gan ddibynnu ar drwch y pysgod.

9 Rhowch y pysgodyn ar blât cynnes i'w weini a thywallt y saws drosto.

30   4

Eog paprica a saws pupur coch

Saws

- 1 llwy fwrdd olew olewydd
- 1 nionyn wedi'i dorri'n fân
- 2 goes seleri wedi'u torri'n fân
- 1 tun pupur coch heb yr hadau (*pimentos del piquillo*)
- 1 llwy bwdin powdr cwmin
- 1 llwy bwdin paprica melys wedi'i fygu
- 1 llwy bwdin piwre tomato
- 1 llwy bwdin siwgr gwyn
- ½ litr stoc llysiau neu stoc pysgod
- Halen a phupur
- Saws Tabasco am ychydig o gic!

Eog

- Olew i ffrio
- 160g eog i bob person
- 1 llwy fwrdd paprica
- 1 llwy fwrdd blawd plaen
- Halen a phupur

Saws

1. Chwyswch y nionyn a'r seleri yn yr olew nes eu bod yn feddal.
2. Ychwanegwch y pupur coch, y cwmin, y paprica a'r halen a phupur.
3. Coginiwch am rai munudau.
4. Ychwanegwch y piwre a'i gymysgu i mewn.
5. Ychwanegwch y stoc a'r siwgr a'i fudferwi am 10–15 munud.
6. Proseswch y gymysgedd.

Eog

1. Torrwch yr eog yn sleisys tenau.
2. Rhowch y blawd, y paprica a'r halen a phupur mewn powlen.
3. Trowch bob darn o eog yn y blawd i'w gorchuddio.
4. Twymwch ychydig o olew yn y badell a ffrio'r darnau am rai munudau ar bob ochr.
5. Gweinwch gyda'r saws.

60 6

- 1 llwy bwdin olew
- 1 nionyn bach
- ½ pupur coch
- ½ pupur melyn
- 1 gorbwmpen fach
- 60g madarch
- 1 goes seleri
- 1 foronen
- 1 tun bach ffa coch (*kidney beans*)
- 50g briwsion bara
- 1 llwy de stoc powdr llysiau
- ¼ llwy de hadau carwe (*caraway*)
- ½ llwy de perlysiau cymysg
- Halen a phupur

I orchuddio:
- Golchwy
- Blawd gyda sesnin ynddo
- 150g hadau blodau haul
- Olew

Saws
- 1 llwy bwdin olew
- 250g nionod coch wedi'u sleisio
- 1 llwy bwdin piwre tomato
- 1 llwy bwdin blawd plaen
- 200ml gwin coch
- 150ml stoc llysiau
- 2 llwy de saws Worcester
- ½ llwy de teim
- ½ llwy de siwgr brown
- Halen a phupur

Cacennau hadau blodau haul a saws nionod coch

Mae'r hadau'n rhoi blas da ac mae'n bryd iachus iawn, â digon o gic ynddo! Gwnewch y saws ymlaen llaw ac mae'n bosib cadw'r cacennau yn yr oergell cyn eu coginio.

1. Deisiwch y llysiau i gyd yn fân.
2. Twymwch yr olew a chwysu'r llysiau nes eu bod yn feddal.
3. Hidlwch y dŵr o'r ffa coch, a'u prosesu. Ychwanegwch ychydig o ddŵr os oes angen.
4. Ychwanegwch hanner y llysiau a'u prosesu. Does dim angen iddyn nhw fod yn llyfn.
5. Rhowch y gymysgedd o'r prosesydd mewn powlen gyda gweddill y llysiau, y brwision, y stoc, yr hadau carwe, y perlysiau a'r sesnin.
6. Gadewch i'r gymysgedd oeri cyn gwneud y cacennau.
7. Cymerwch lond llwy bwdin o'r gymysgedd a'i ffurfio'n belen. Yn ofalus, oherwydd mae'n gallu bod yn anodd ei drin, rholiwch y belen yn y blawd a'i fflatio ychydig i greu siâp cacen, wedyn ei rhoi yn y golchwy. Byddwch yn barod i gael eich dwylo'n fudr!
8. Gorchuddiwch y cacennau gyda'r hadau blodau haul a'u gosod ar blât yn barod i'w ffrio.
9. Twymwch olew yn y badell dros wres canolig, a choginiwch y cacennau am tua 5 munud bob ochr tan i'r hadau droi'n frown.

Saws
1. Ffriwch y nionod yn yr olew a gadael iddynt frownio ychydig i roi blas i'r saws.
2. Ychwanegwch y piwre a'r blawd a chymysgu'n dda.
3. Ychwanegwch y gwin a'r stoc, ychydig ar y tro, iddo dwchu.
4. Rhowch weddill y cynhwysion i mewn a choginio am 15 munud.

60   4

Basgedi almon a llysiau

Basgedi
- 1 paced o does ffilo
- Menyn wedi toddi

Powlenni bach pwdin diamedr 15cm i siapio'r toes

Nwy 5 / 190°C

Llenwad
- 25g menyn
- 250g llysiau cymysg (e.e. nionyn, seleri, pupur, moron)
- 250g llysiau cymysg wedi'u coginio'n barod (e.e. blodfresych, brocoli, ffa Ffrengig, pys, corn melys)
- 125ml gwin gwyn
- 125ml stoc llysiau
- 125ml hufen dwbl
- ½ llwy de perlysiau cymysg
- 1 llwy de llawn blawd corn wedi'i gymysgu ag ychydig o ddŵr oer
- Halen a phupur
- 120g almonau cyfan wedi'u rhostio'n frown

Hwn oedd ffefryn Mari, fy niweddar fam yng nghyfraith. Tipyn o gamp oedd cael gwraig ffarm i ddewis pryd llysieuol o'r fwydlen!

Basgedi
1. Torrwch y toes ffilo yn sgwariau 25cm x 25cm. Bydd angen tri darn i bob basged.
2. Rhowch un darn o'r toes ar fwrdd a'i frwsio â menyn.
3. Rhowch ddarn arall o'r toes ar ben y cyntaf ond wedi'i droi ychydig. Brwsiwch â menyn eto.
4. Rhowch ddarn arall o'r toes ar ben y ddau arall, eto, wedi'i droi ychydig. Erbyn hyn, bydd yn edrych fel siâp seren. Brwsiwch â menyn.
5. Yn ofalus, gyda chyllell balet, codwch y seren a'i throi drosodd ar y bowlen (ochr y menyn yn cyffwrdd y bowlen). Bydd yn cwympo'n naturiol dros ochrau'r bowlen. Mae angen i'r pigau fod ar yr un lefel o gwmpas y bowlen fel ei fod yn ffurfio basged gymesur ar ôl coginio.
6. Rhowch y basgedi ar hambwrdd pobi a'u rhoi yn y popty am 15–20 munud nes eu bod yn frown a chrimp.
7. Tynnwch allan o'r popty a thynnu'r toes oddi ar y powlenni. Gadewch iddynt oeri.
8. Gallwch eu cadw am wythnos neu fwy mewn twb plastig. Cynheswch nhw yn y popty pan fyddwch yn barod i'w llenwi a'u gweini.

Llenwad

1 Toddwch y menyn mewn sosban a chwysu'r llysiau sydd heb eu coginio'n barod nes eu bod yn feddal.

2 Ychwanegwch y gwin a'r stoc a berwi nes ei fod wedi lleihau i'r hanner.

3 Ychwanegwch yr hufen, perlysiau a sesnin ac ailgynhesu.

4 Rhowch y blawd corn yn y gymysgedd i'w dwchu.

5 Rhowch weddill y llysiau i mewn i gynhesu'n unig. Mae'n bwysig peidio â'u gorgoginio.

6 Cyn gweini, cymysgwch yr almonau i mewn.

7 Rhowch fasged i bob person ar blât a'u llenwi â'r gymysgedd.

60   4

Rwlâd sbigoglys a shibwns gyda saws tomato, oren a sinsir

Rwlâd

- 300g sbigoglys (*spinach*) wedi'u golchi
- 5 wy wedi'u gwahanu
- 50g caws Gruyère
- 50g caws Parmesan
- 150ml hufen dwbl
- Pinsiad o nytmeg
- 1 llwy de stoc powdr llysiau
- Halen a phupur

Nwy 6 / 200°C

Tun *swiss roll* 25cm x 33cm wedi'i leinio â phapur gwrthsaim

Llenwad

- 25g menyn
- 2 bwnsh shibwns (*spring onions*) wedi'u sleisio'n weddol fân
- 400g caws meddal
- ½ llwy de cwmin
- ½ llwy de stoc powdr llysiau
- Halen a phupur

Yn aml iawn, mae llysieuwyr yn teimlo eu bod yn cael eu hanghofio. Mae'r pryd hwn yn drawiadol ac yn blasu'n dda. Gallwch ei baratoi y noson cynt a'i gadw yn yr oergell, a'i weini fel cwrs cyntaf neu brif gwrs.

Rwlâd

1 Coginiwch y sbigoglys yn y popty ping am 3 munud. Gallwch ddefnyddio powlen neu ei roi'n syth o'r paced os yw wedi ei olchi'n barod. Gadewch iddo oeri, a gwasgu'r dŵr allan ohono.

2 Rhowch y sbigoglys yn y prosesydd gyda'r 5 melynwy, y caws, hufen, nytmeg, stoc a sesnin. Proseswch tan ei fod yn weddol llyfn.

3 Chwipiwch y 5 gwynwy yn bigau cadarn.

4 Ychwanegwch y gymysgedd sbigoglys i'r gwynwy a'i blygu i mewn yn ofalus i gadw'r aer ynddo.

5 Taenwch ar y tun.

6 Pobwch am tua 15–20 munud nes ei fod yn teimlo'n gadarn.

7 Rhowch ddarn ffres o bapur gwrthsaim ar fwrdd a throi'r sbwng sbigoglys arno yn ofalus. Gadewch iddo oeri cyn tynnu'r papur oddi ar y top.

Llenwad

1 Toddwch y menyn mewn sosban a chwysu'r nionod nes eu bod yn feddal.

2 Tynnwch y sosban oddi ar y gwres a chymysgu'r caws meddal a gweddill y cynhwysion gyda'r nionod.

3 Gadewch i oeri.

4 Taenwch y gymysgedd caws yn wastad ar y sbwng sbigoglys.

5   Wedyn, ei rolio fel *swiss roll*. Codwch y papur gwrthsaim o dan yr ochr hir ac mi wnaiff yr ochr ddechrau troi i mewn. Wrth godi'r papur eto, bydd yn rholio i greu siâp sosej hir, gyda'r papur gwrthsaim ar y tu allan.

6   Trowch y papur ar y ddau ben a'i roi yn yr oergell i oeri.

Saws

1   Rhowch yr olew mewn sosban a chwysu'r nionyn a'r seleri nes eu bod yn feddal.

2   Ychwanegwch weddill y cynhwysion heblaw am y sinsir a mudferwi am 15–20 munud.

3   Proseswch y gymysgedd.

4   Ychwanegwch y sinsir (ac ychydig o'r surop) a'r halen a phupur.

5   Sleisiwch y rwlâd, ei ailgynhesu a'i weini efo'r saws yn gynnes.

Saws

- 1 llwy bwdin olew
- 1 nionyn wedi'i dorri'n fân
- 2 goes seleri wedi'u torri'n fân
- 1 llwy bwdin piwre tomato
- 1 tun 400g tomatos wedi'u torri
- 1 oren – sest a sudd
- 1 llwy bwdin siwgr
- 1 llwy de stoc powdr llysiau
- 1 darn sinsir stem wedi'i dorri'n fân
- Halen a phupur

Austria

Rwy'n hoffi mynd i Awstria. Mae'r bobl yn gyfeillgar ac yn rhedeg eu busnesau'n effeithiol iawn.

Doedd trip sgio'r ysgol ddim wedi apelio at fy ngwraig, ond daeth ag anrhegion adref a dyna fy nghyflwyniad cyntaf i winoedd Awstria. Ni welwn lawer o win y wlad hon ym Mhrydain y dyddiau hyn, oherwydd dioddefodd y wlad sgandal bron 30 mlynedd yn ôl, pan wnaeth ychydig o gwmnïau heintio eu gwin â diethylene glycol (nid *anti-freeze* fel yr adroddwyd yn y wasg ar y pryd). Cafodd hyn effaith andwyol ar ddiwydiant gwin Awstria. Roedd Prydain wedi bod yn mewnforio dros 1 miliwn litr bob blwyddyn cyn y sgandal ond, ar ôl hyn, disgynnodd i lai na 100,000 litr. Erbyn hyn, mae'n dal o gwmpas rhyw chwarter miliwn litr.

Gwnaeth les mewn ffordd oherwydd aeth y wlad o gynhyrchu gwin canolig-melys a'r pris yn arwain y safon, i gynhyrchu gwin melys, gwin sych a rhywfaint o win coch o safon uchel. Yn fy marn i, mae'n werth blasu gwinoedd Awstria. Maen nhw wedi'u cynhyrchu o rawnwin gwahanol, fel Grüner Veltliner neu Blaufränkisch ac mae'r gwinoedd melys yn hyfryd.

Peryglon tyfu grawnwin

Yn ffodus i mi, mae pobl Awstria'n medru cyfathrebu yn Saesneg, oherwydd mae hyd yn oed llai o Almaeneg gen i nag o Ffrangeg a Sbaeneg! Byddaf yn prynu'n rheolaidd o Kirnbauer yn Burgenland, lai na dwy filltir o'r ffin â Hwngari. Mae'r gwinllanoedd hefyd yn agos iawn at lyn enfawr Neusiedler See ac mae'n lle pwysig iawn i adar mudol. Mae rhai adar cystal â'r gwinwyr am benderfynu pryd mae'r grawnwin yn barod! Un flwyddyn, collodd Marcus Kirnbauer ei gnwd Chardonnay i gyd o fewn dwy awr i haid o ddrudwyod llwglyd, pan oedd y grawnwin ar fin dod yn barod i'w cynaeafu.

Eiswein

O gwmpas Neusiedler See maent yn arbenigo mewn gwneud gwinoedd melys – rhai sydd wedi eu cynhyrchu o rawnwin aeddfed iawn, rhai sydd wedi cael yr effaith botrytis (*noble rot*) a rhai'n defnyddio techneg arbennig i wneud Eiswein. I wneud yr Eiswein, rhaid gadael y grawnwin ar y winwydden trwy'r hydref a'u casglu pan maen nhw wedi'u rhewi o dan -7°C. I wneud hyn, rhaid codi'n gynnar yn y bore, tua 4 o'r gloch, a'u casglu yng ngolau tractor tra mae'r dŵr yn y grawnwin wedi rhewi, cyn eu gwasgu nhw'n syth i gael y surop melys iawn allan ohonyn nhw.

Mae'r gwin sy'n cael ei gynhyrchu fel hyn yn felys dros ben ond, fel pob gwin melys da, mae iddo gydbwysedd asidig. Nid yw'n bosib gwneud y gwin bob blwyddyn oherwydd bydd y grawnwin yn pydru ar y winwydden cyn cael cyfle i'w cynaeafu (neu cyn i'r adar eu bwyta!).

Defnyddir grawnwin Welschriesling, sy'n achosi cymhlethdod i ni yma yng Nghymru oherwydd does ganddyn nhw ddim unrhyw gysylltiad â Chymru, na dim i'w wneud â grawnwin Riesling yn yr Almaen, chwaith!

20   8

Tafell siocled, ffrwythau a chnau

- 225g bisgedi Nice wedi'u malu'n fras
- 120g cnau cymysg wedi'u malu
- 65g ceirios *glacé* wedi'u torri'n fach
- 225g ffrwythau sych cymysg
- 225g siocled tywyll
- 175g menyn
- 85g siwgr mân
- 2 wy
- 4 llwy bwdin sieri a Cognac

Tun bara wedi'i leinio â phapur gwrthsaim

Dyma bwdin cyfoethog iawn. Does dim angen ei goginio ac mae'n cadw'n dda yn yr oergell.

1 Cymysgwch y bisgedi, y cnau, y ceirios a'r ffrwythau gyda'i gilydd.
2 Toddwch y siocled a'r menyn yn y popty ping.
3 Cymysgwch y siwgr i mewn i'r siocled.
4 Ychwanegwch yr wyau a'u cymysgu'n dda.
5 Rhowch y sieri a'r Cognac yn y gymysgedd siocled.
6 Rhowch gynhwysion Cam 1 i mewn i'r siocled a'u cymysgu'n dda.
7 Tywalltwch i'r tun bara a'i roi yn yr oergell.

30   8

Tarten siocled

Toes melys siocled

- 140g menyn meddal
- 60g siwgr mân
- 1 wy
- Diferyn rhinflas fanila
- 15g powdr coco
- 220g blawd plaen

Tun gwaelod rhydd

Nwy 4 / 180°C

Llenwad

- 450g siocled tywyll
- 120g menyn
- 350ml hufen dwbl
- 40g siwgr mân
- Sest hanner oren
- ½ llwy de rhinflas fanila
- 150ml llaeth

Toes melys siocled

1. Cymysgwch y menyn a'r siwgr nes bod y cyfan yn llyfn.
2. Ychwanegwch yr wy a'r fanila a chymysgu'n dda eto.
3. Rhidyllwch y blawd a'r coco i mewn a chymysgu.
4. Ffurfiwch yn bêl gan ddefnyddio ychydig o flawd rhag iddo gydio.
5. Rhowch yn yr oergell wedi'i lapio mewn clingffilm am hanner awr.
6. Rholiwch y toes i drwch o 1cm neu lai.
7. Leiniwch y tun â'r toes a phrocio'r gwaelod gyda fforc cyn ei bobi'n 'ddall' (h.y. coginio'r toes cyn rhoi'r llenwad ynddo). Gorchuddiwch y toes â phapur gwrthsaim a'i lenwi gyda phys seramig neu bys sych. Golyga hyn fod y toes yn aros yn fflat.
8. Coginiwch am tua 20 munud.

Llenwad

1. Toddwch y siocled a'r menyn yn y popty ping, a'i droi bob hyn a hyn.
2. Mewn sosban, dewch â'r hufen, siwgr, oren a fanila i'r berw.
3. Tywalltwch hwn ar ben y siocled a'i gymysgu'n dda.
4. Cymysgwch y llaeth oer i mewn.
5. Arllwyswch i mewn i'r cas toes.
6. Rhowch yn yr oergell i setio a gweini gyda hufen dwbl.

30   6

Mŵs siocled ac Amaretto

- 1 (5g) deilen gelatin wedi'i gadael mewn dŵr oer am 5 munud
- 150g siocled tywyll
- 2 wy wedi'u gwahanu
- 40g siwgr mân
- 35ml Amaretto
- 150ml hufen dwbl
- 40g bisgedi Amaretto wedi'u malu

6 potyn ramecin gyda'r bisgedi wedi'u rhoi yn y gwaelod. (Gallwch roi ychydig o Amaretto ar y bisgedi hefyd.)

1. Toddwch y siocled yn y popty ping mewn powlen weddol fawr.
2. Cymysgwch y ddau felynwy a'r Amaretto i mewn i'r siocled.
3. Tynnwch y gelatin allan o'r dŵr oer a'i roi mewn sosban. Toddwch y gelatin gyda mymryn o ddŵr fel nad yw'n sticio (dim mwy na rhyw lond llwy de o ddŵr).
4. Cymysgwch y gelatin wedi toddi i mewn i'r siocled.
5. Chwipiwch y gwynwy gyda'r siwgr mân nes eu bod yn stiff.
6. Mewn powlen arall, chwipiwch yr hufen yn bigau meddal.
7. Mae'n bwysig nad yw'r siocled yn rhy gynnes ac yn toddi'r hufen ond peidiwch â gadael iddo setio chwaith.
8. Yn ofalus, plygwch yr hufen i mewn i'r siocled.
9. Yn olaf, plygwch y gwynwy i'r gymysgedd a rhannu'r cyfan rhwng y 6 ramecin, gyda bisgedi ar y gwaelod. Cadwch yn yr oergell.

30   8

Cacen gaws siocled gwyn

- 225g bisgedi Digestive wedi'u malu'n fân
- 60g menyn wedi toddi
- 300g caws meddal fel Philadelphia
- 150g siwgr mân
- 1 llwy de rhinflas fanila
- 225g siocled gwyn wedi toddi
- 300ml hufen dwbl

Tun cacen gyda gwaelod rhydd wedi'i leinio â chlingffilm

1. Cymysgwch y menyn a'r bisgedi'n dda a'u taenu dros waelod y tun. Gwasgwch â chefn llwy a'i wneud yn wastad ac yn galed.
2. Gyda chwisg llaw, cymysgwch y caws, y siwgr a'r fanila yn llyfn.
3. Arllwyswch y siocled gwyn wedi toddi i mewn wrth gymysgu.
4. Chwipiwch yr hufen yn feddal a'i blygu i mewn i'r gymysgedd.
5. Taenwch y gymysgedd dros y bisgedi yn y tun a'i wneud yn wastad.
6. Rhowch yn yr oergell i setio.

Mae'n anodd iawn rhoi gwin gyda siocled oherwydd mae'n flas mor gryf. Mae'n rhaid i'r ddiod fod yn bwerus, yn gryf a melys ei blas. Gwinoedd cadarn (fortified wines) yw'r gorau, fel Madeira, Marsala neu hyd yn oed Tawny Port. Mae tipyn o'r math yma o win yn cael ei wneud yn Awstralia hefyd ac mae'n werth rhoi cynnig ar win fel Rutherglen.

30　6

Mŵs granadila a mango

- 3 wy wedi'u gwahanu
- 125g siwgr mân
- 175ml *smoothie* granadila (neu *passion fruit*) a mango
- 2 ddeilen gelatin
- 150ml hufen dwbl

6 gwydr gwin

Mae'n hawdd gwneud mŵs o'r holl amrywiaeth o *smoothies* sy'n boblogaidd y dyddiau hyn.

1 Chwipiwch y tri melynwy a'r siwgr mân yn dda i ffurfio cymysgedd llyfn, tew a hufennog.
2 Cymysgwch y *smoothie* i mewn.
3 Rhowch y cyfan mewn sosban a'i gynhesu'n raddol. Rhaid dal i'w droi tan iddo dwchu.
4 Tynnwch o'r gwres, ychwanegu'r gelatin ar ôl gwasgu'r dŵr ohonynt a'u cymysgu i mewn.
5 Gadewch iddo oeri.
6 Chwipiwch yr hufen yn bigau meddal.
7 Yn ofalus iawn, gan wneud yn siŵr bod y gymysgedd o'r sosban wedi oeri, plygwch i mewn i'r hufen.
8 Chwipiwch y tri gwynwy a'u plygu i mewn i'r gymysgedd.
9 Rhannwch y gymysgedd i'r gwydrau unigol a'u rhoi yn yr oergell.

Gallwch roi ffrwythau a sbwng yng ngwaelod y gwydrau gydag ychydig o *smoothie*, ac yna rhoi'r mŵs arnynt.

50   8

Tarten bricyll ac oren

Toes melys

- 140g menyn meddal
- 60g siwgr mân
- 1 wy
- Diferyn rhinflas almon
- 225g blawd plaen

Tun gwaelod rhydd

Nwy 4 / 180°C

Llenwad

- 150g bricyll (*apricots*)
- 5 wy
- 150g siwgr mân
- 400ml hufen dwbl
- ½ llwy de rhinflas almon
- 1 oren – sest a sudd

Toes melys

1. Cymysgwch y menyn a'r siwgr yn gymysgedd llyfn.
2. Ychwanegwch yr wy a'r rhinflas almon a chymysgu'n dda eto.
3. Rhidyllwch y blawd i mewn a chymysgu eto.
4. Ffurfiwch yn bêl gan ddefnyddio ychydig o flawd rhag i'r gymysgedd gydio.
5. Rhowch yn yr oergell wedi'i lapio mewn clingffilm am hanner awr.
6. Rholiwch y toes gyda digon o flawd rhag iddo gydio i drwch o 1cm neu lai.
7. Rhowch y toes i leinio'r tun a phrocio'r gwaelod â fforc cyn ei bobi'n 'ddall'. Gorchuddiwch y toes â phapur gwrthsaim a'i lenwi gyda phys seramig neu bys sych.
8. Coginiwch am tua 30 munud.

Llenwad

1. Torrwch y bricyll yn chwarteri a'u rhoi mewn powlen blastig gyda'r sest a'r sudd. Rhowch yn y popty ping am funud a'u gadael i socian ac yna i oeri.
2. Cymysgwch yr wyau a'r siwgr yn dda.
3. Ychwanegwch yr hufen ac unrhyw sudd sydd heb gael ei socian gan y bricyll i'r gymysgedd wyau a siwgr.
4. Rhowch y bricyll yng ngwaelod y cas toes a thywallt y gymysgedd drostynt.
5. Pobwch am 30 munud tan mae'r canol wedi setio.

20   8

Sbwng almon ac oren

- 225g menyn
- 1 llwy de rhinflas almon
- 225g siwgr mân
- 4 wy
- 275g blawd codi wedi'i ridyllu
- 75g almonau mâl
- 1 oren – sest a sudd
- 1 oren wedi'i rannu'n ddarnau a'i dorri'n fân

Tun bara wedi'i leinio â phapur gwrthsaim

Nwy 4 / 180°C

1 Cymysgwch y menyn, y rhinflas almon a'r siwgr nes eu bod yn hufennog.
2 Ychwanegwch yr wyau, un ar y tro, gan gymysgu pob un yn drylwyr cyn ychwanegu'r nesaf.
3 Ychwanegwch y blawd, yr almonau mâl a'r sest oren ynddo a'u cymysgu.
4 Cymysgwch y sudd i mewn ac wedyn y darnau oren. Os yw'r gymysgedd braidd yn drwchus, rhowch lond llwy bwdin o laeth ynddi i'w llacio ychydig.
5 Rhowch mewn tun bara a'i orchuddio â ffoil.
6 Rhowch y tun mewn tun rhostio ac arllwys dŵr poeth hyd at ei hanner. Gorchuddiwch y cyfan â ffoil i greu *bain-marie*.
7 Pobwch am 1 awr. Profwch i wneud yn siŵr ei fod wedi coginio yn y canol trwy roi sgiwer ynddo. Fe ddylai'r sgiwer ddod allan yn lân.

Mae hwn yn hyfryd gyda chwstard a byddai ychwanegu llwyaid o farmalêd ato yn rhoi blas diddorol.

20　8

Meringues a ffrwythau wedi'u trwytho mewn Port

Meringues
- 4 gwynwy
- 225g siwgr mân

Popty ar y tymheredd isaf

Hambwrdd pobi wedi'i leinio â phapur gwrthsaim

- Ffrwythau
- 400ml Port
- 500g siwgr
- 2 brigyn sinamon
- 1kg ffrwythau aeron ffres neu wedi'u rhewi
- 1 llwy fwrdd blawd corn

Mae fy rysáit meringue yn syml iawn, gyda gwynwy a siwgr yn unig. Yn aml byddaf yn eu gwneud a'u gadael yn y popty dros nos ar y tymheredd isaf posib. Maent yn cadw mewn twb plastig wedi'i selio'n dynn am sbel go hir.

Meringues
1. Chwipiwch y 4 gwynwy nes eu bod yn dechrau ffurfio cymysgedd trwchus.
2. Ychwanegwch y siwgr, un llwyaid ar y tro, wrth chwipio. Parhewch i chwipio nes bod y meringue yn sgleinio ac yn dew.
3. Llenwch fag peipio â'r gymysgedd a pheipio'r siapiau ar yr hambwrdd. Cadwch nhw i gyd yr un maint.
4. Rhowch ar silff waelod y popty am sawl awr (o leiaf 4) tan eu bod yn grimp.
5. Gweinwch gyda'r ffrwythau a hufen dwbl wedi'i chwipio.

Ffrwythau
1. Berwch y Port, y siwgr a'r sinamon a mudferwi tan mae'r siwgr wedi hydoddi.
2. Ychwanegwch y ffrwythau a dod â'r cyfan yn ôl i'r berw.
3. Cymysgwch y blawd corn mewn cwpan gydag ychydig o ddŵr oer a chymysgu hwn i mewn i'r ffrwythau poeth.
4. Tynnwch oddi ar y gwres a'i adael i oeri. Mi gadwith yn yr oergell am dipyn o amser.

20   8

Jeli blodau ysgawen a mafon

Jeli

- 7 deilen gelatin (5g yr un)
- 175ml cordial blodau ysgawen
- 625ml dŵr
- 75g siwgr
- 300g mafon

Saws

- 300g mafon
- 50g siwgr
- ¼ lemwn – sest a sudd

Terîn neu dun bara
22cm x 12cm x 7cm

Er ei bod yn cymryd ychydig o amser i adeiladu'r gwahanol haenau, mae'n drawiadol iawn yn y diwedd.

Jeli

1. Rhowch y dail gelatin i socian mewn digon o ddŵr oer i'w gorchuddio am rai munudau nes eu bod yn feddal.
2. Cynheswch y dŵr, y cordial a'r siwgr tan mae'r siwgr wedi hydoddi.
3. Tynnwch y dail gelatin o'r dŵr oer a'u rhoi yn y gymysgedd gynnes.
4. Gadewch iddo oeri yn y sosban. Peidiwch â gadael iddo setio.
5. Leiniwch y tun â chlingffilm, rhoi 1cm o jeli yn y gwaelod a'i roi yn yr oergell i setio.
6. Pan mae wedi setio, rhannwch hanner y mafon ar hyd y jeli ac ychwanegu digon o jeli i orchuddio'r ffrwyth a'i roi yn ôl eto yn yr oergell i setio.
7. Gwnewch hyn ddwy waith eto i adeiladu'r haenau.
8. Pan fyddwch yn barod i weini, trowch y tun terîn drosodd ar blât a'i dynnu oddi ar y jeli yn ofalus. Cynheswch lafn cyllell fawr mewn dŵr poeth i dorri tafellau taclus, a'i weini gyda'r saws a hufen.

Saws

1. I wneud saws syml, rhowch y ffrwythau yn y prosesydd gyda'r siwgr a'r lemwn a'u prosesu.
2. Gwthiwch y saws trwy ridyll.

30 6

Éclair banana

Toes choux
(gweler Byns Garlleg
Gwyllt yn y bennod
Canapes a Thapas)

- 2 fanana
- 60g siwgr brown
- 1 llwy de sudd lemwn
- ¼ llwy de powdr sinamon
- 350ml hufen dwbl
- Surop masarn (*maple syrup*)
- Siwgr eisin

Nwy 6 / 200°C

1 Dilynwch y rysáit ar gyfer toes choux (tud. 50). Yn lle peli bach, peipiwch linellau hir fel selsig tenau.
2 Pobwch yn yr un ffordd â'r byns garlleg gwyllt am 20–30 munud nes eu bod yn grimp ar y tu allan.
3 Malwch y bananas yn stwnsh gyda'r lemwn, y siwgr a'r sinamon.
4 Chwipiwch yr hufen yn bigau ysgafn.
5 Ychwanegwch y gymysgedd banana i'r hufen a'i blygu gyda llwy fawr nes ei fod wedi'i gymysgu'n dda.
5 Torrwch yr éclairs yn eu hanner, peipio'r gymysgedd i'r canol a rhoi'r top yn ôl.
6 Tywalltwch y surop masarn dros yr éclairs a thaenu ychydig o siwgr eisin drostyn nhw.

Os hoffech win pwdin gyda hwn, rhowch gynnig ar rywbeth sydd â ffrwythau trofannol i weddu i'r banana, ac sydd â melyster i weithio gyda'r surop masarn. Mae rhai'r byd newydd yn winoedd llawn ffrwythau, neu beth am arbrofi gyda rhai o Chile sy'n dda ac yn rhesymol ar hyn o bryd?

20   8

Hufen iâ Cointreau

- 225g siwgr mân
- 5 wy
- 5 melynwy
- Sest mân 1 oren
- 35ml Cointreau
- 600ml hufen dwbl

Mae'r hufen iâ yma yn syml iawn ac yn hawdd i'w addasu gan arbrofi â gwahanol flasau. Cofiwch ei dynnu o'r rhewgell ryw 5–10 munud cyn gweini er mwyn ei wneud yn fwy meddal i'w drin. Bydd gwynwy dros ben, felly defnyddiwch y rheini i wneud meringues.

1. Chwipiwch yr wyau i gyd gyda'r siwgr am tua 5 munud nes eu bod yn llyfn, tew a hufennog.
2. Ychwanegwch y sest a'r Cointreau.
3. Chwipiwch yr hufen yn feddal a'i blygu i mewn i'r gymysgedd.
4. Rhowch mewn twb plastig i'w rewi yn y rhewgell.
5. Gweinwch gyda darnau o oren ffres.

Mae'r alcohol yn yr hufen iâ yn golygu nad yw'n rhewi mor galed a'i fod yn haws i'w weini.

30   8

Hufen iâ pralin

Pralin

- 150g siwgr mân
- 150g cnau almon cyfan

Hambwrdd pobi wedi'i iro

Hufen iâ

- 225g siwgr mân
- 5 wy
- 5 melynwy
- 1 llwy de rhinflas almon
- 600ml hufen dwbl

Pralin

1. Rhowch y siwgr a'r cnau mewn sosban drom a'u rhoi i gynhesu'n araf bach. Bydd yn cymryd tipyn o amser cyn i'r siwgr ddechrau toddi, ond cadwch lygad arno a'i droi'n achlysurol. Gallai losgi'n hawdd.
2. Pan mae'r siwgr wedi hydoddi a lliw caramel arno, tywalltwch ar y hambwrdd yn ofalus oherwydd bydd yn boeth ofnadwy. Gadewch iddo oeri.
3. Rŵan, cewch hwyl yn malu'r pralin. Torrwch yn ddarnau ac yna eu malu'n fân.
4. Bydd yn cadw am dipyn mewn bag plastig os yw'r aer wedi'i wasgu ohono'n iawn.

Hufen iâ

1. Chwipiwch yr wyau i gyd gyda'r siwgr am tua 5 munud tan mae'n llyfn, tew a hufennog.
2. Cymysgwch y rhinflas almon i mewn.
3. Chwipiwch yr hufen yn feddal ac yna ei blygu i mewn i'r gymysgedd.
4. Plygwch 3–4 llwy fwrdd o'r pralin wedi malu i mewn.
5. Rhowch mewn twb plastig i'w rewi yn y rhewgell.
6. Ar ôl awr a hanner, tynnwch o'r rhewgell a'i gymysgu fel nad yw'r pralin yn disgyn i'r gwaelod.
7. Gwasgarwch ychydig o'r pralin drosto i'w weini.

Portiwgal

Aeth amser maith heibio cyn i mi fynd yn ôl i Bortiwgal ar y llwybr gwin ar ôl treulio mis mêl yno, sydd yn syndod oherwydd mae'n wlad sy'n cynhyrchu un o winoedd cadarn (*fortified wines*) gorau'r byd, sef Port. Aethom i Setúbal lle maent yn gwneud gwin melys. Dyma oedd ein hymweliad cyntaf â gwinllan ar ôl agor Dylanwad Da ac o chwilfrydedd yn unig yr aethom – doedd dim bwriad i fewnforio ar y pryd. Un peth oedd yn fy nharo oedd, pam fan hyn? Penrhyn bach o dan Lisbon – pam roedd y lle yma'n unigryw?

Mae'r enw Port yn dod o'r ddinas Oporto lle, yn draddodiadol, roedd yn arferiad gyrru'r gwin i gyd i gael ei aeddfedu. Y math o le dwi'n ei hoffi: dinas weithio a ddim yn or-lân. Os byddwch yn ymweld ag Oporto (a byddwn yn argymell i bawb wneud hynny) cerddwch i lawr y llethrau a thros yr afon i Vila Nova de Gaia ac mi gewch gip bob hyn a hyn ar yr enwog Port Lodges lle mae'r gwin yn cael ei aeddfedu, ac mae'r enwau enwog wedi'u hysgrifcnnu mcwn llythrennau bras ar y toeau. Yn yr hen ddyddiau, dyma lle byddai'r gwinoedd yn cyrraedd ar gychod, ar hyd yr afon beryglus o'r gwinllannoedd yng nghefn gwlad. Rhaid i chi deithio 50 milltir neu fwy i fyny'r afon i ddarganfod y gwinllannoedd sy'n cynhyrchu'r grawnwin ar gyfer rhai o'r gwinoedd clasurol yma.

Mae'r hinsawdd yn galed – sych a phoeth iawn yn yr haf a gwyntog ac oer iawn yn y gaeaf – ac mae'r gwinwydd gorau'n cael eu tyfu ar derasau cul ar y llethrau serth. Cesglir y grawnwin yma i gyd â llaw a'u gwasgu mewn 'legars' a'u sathru gyda thraed glân (gobeithio!). Y rheswm pam mae grawnwin rhai o'r gwinoedd gorau yn dal i gael eu gwasgu gan draed yw i gael y sudd allan yn ofalus heb ei heintio. Alla i ddim dychmygu dim byd mwy gwahanol i hyn na'r gwinllannoedd fflat yng nghanol Califfornia, a'r grawnwin yn cael eu casglu â pheiriant.

Mae Port yn wahanol i win oherwydd mae wedi'i atgyfnerthu â gwirod. Yn wahanol i sieri, sy'n cael ei atgyfnerthu ar ôl i'r gwin orffen eplesu, gyda Port mae'r eplesiad yn cael ei stopio wrth roi alcohol ynddo, tra bo'r siwgr naturiol yn dal ar ôl ynddo.

Mae Port yn cael ei weld fel partner naturiol i gaws oherwydd y melyster ond efallai ein bod yn anghofio gymaint o amrywiaeth o gawsiau sydd i bartncru â nhw. Efallai y byddai caws gafr ffres, sy'n feddal ac asidig, yn partneru'n dda â Sauvignon. Wedyn, mae'r cawsiau caled cryf iawn rydym yn cael cystal hwyl ar eu cynhyrchu ym Mhrydain yn fwy addas gyda gwin coch. Mae cawsiau glas sy'n felys a hufennog o bosib yn gweddu gyda gwinoedd melys fel Sauternes neu efallai hen Tawny Port sy'n blasu'n felys a chneuog. Fel pob un cydweddiad bwyd a diod, yn yr arbrofi mae'r hwyl!

Mae caws yn gallu bod yn berffaith i ddiweddu pryd, neu fel pryd cinio prynhawn gyda bara a phicl, a'n hoff ffordd ni o arlwyo pan fydd ffrindiau'n dod draw, yn syml iawn, yw cynnig platiaid o gaws. Y dyddiau yma cewch ddewis eang o gawsiau Cymreig o ffeta a chaws gafr i gawsiau caled a glas.

Mae Port gwyn ar gael ac mae'n gwneud aperitif ardderchog.

Mae platiaid o gaws gyda phicl afal yn rhywbeth rwyf wedi bod yn ei fwyta ers fy mod yn fachgen bach. Gwnewch o'n rhywbeth arbennig gyda chasgliad o ffrwythau ffres, a powlen o gnau Ffrengig neu ffigys. Ffefryn Llinos yw rhostio tomatos gyda gwahanol berlysiau ac olew olewydd a balsamig. Mae *membrillo* yn rhywbeth mwy egsotig o Sbaen ac ar gael ym Mhrydain erbyn hyn, sef past melys wedi ei wneud o cwins. Gallwch ei gwneud yn wledd go iawn gyda'r math yma o gyfwydydd. Prynwch fara da neu amrywiaeth o fisgedi gwahanol. Gyda chriw ohonoch, gallwch gyfiawnhau prynu potel o Marsala a sieri da er mwyn cymharu'r blas gyda gwahanol gawsiau. Mwynhewch!

Gwinoedd o lefydd annisgwyl

CYMRU

Cymerodd rai blynyddoedd i mi ddarganfod gwin Cymreig da i'w werthu yn y bwyty ond, trwy lwc, wrth drefnu trip staff i winllan yn Lloegr des ar draws Ancre Hill yn Sir Fynwy.

Plannodd y perchennog Richard Morris ei winwydd cyntaf yma yn 2006. Er ei fod yn gyfrifydd, ei freuddwyd erioed oedd cynhyrchu gwin ei hunan. Pan ddechreuodd ei freuddwyd droi'n realiti, rhoddodd ei sylw i leoliadau tramor, a theithio mor bell â Thasmania a chanol Otago yn Seland Newydd. Ni sylwodd tan iddo fynychu cwrs gwin ym Mhrydain yng Ngholeg Plumpton fod ei gartref, Ancre Hill, â'r potensial i gynnig pob dim oedd ei angen i wneud gwin o'r safon uchaf. Mae'r llethrau deheuol yn mwynhau oriau hir o haul ac yn cael eu cysgodi gan fryniau coediog. Mae Bannau Brycheiniog gerllaw ac yn diogelu'r ardal rhag glaw Cymru ac felly mae'r glawiad yn llawer is ar gyfartaledd nag yng ngweddill y wlad.

Mae hanes y lleoliad yn dystiolaeth bellach o addasrwydd Ancre Hill. Cafodd ei adeiladu yn yr 17eg ganrif gan yr Huguenots Ffrengig – pobl enwog am blannu gwinwydd. Mae lle i amau fod yr Huguenots wedi dewis y lleoliad oherwydd bod ganddo'r amodau perffaith, a digonedd o ddŵr o nentydd naturiol o dan yr hen dŷ hir hyfryd.

Fe wnaeth gweledigaeth Richard ei arwain i wneud mwy o ymchwil trwy ofyn i Brifysgol Newcastle ddadansoddi'r pridd ac astudio cofnodion Swyddfa'r Met i asesu addasrwydd yr hinsawdd. Roedd y casgliadau yn galonogol, felly, wedyn, daeth ei ddeilema nesaf – dewis pa rawnwin i'w tyfu.

Dechreuodd trwy blannu tri math oherwydd eu natur gref a'u gallu i dyfu mewn hinsawdd reit oer: Seyval

Blanc, Triomphe a Pinot Noir. Roedd yn llwyddiant ac yn fuan, cafodd ei win byrlymus cyntaf fedal arian gan y cylchgrawn gwin *Decanter*. Ond roedd rhai cymhlethdodau a'r awydd i symud i systemau biodeinamig, yn golygu bod newidiadau pellach yn angenrheidiol. Aeth ymlaen i blannu Pinot Noir ac wedyn, gwnaeth y penderfyniad dewr i blannu Albariño ar ôl ymchwil oedd wedi dangos bod yr amgylchedd yn Ancre Hill yr un fath â'r hyn a geir yn Galicia, Sbaen ac felly'n gweddu'n berffaith i'r grawnwin yma. Mae Richard yn credu'n llwyr bod lle i win Cymru ymysg cawsiau a chig a chynnyrch Cymreig eraill. A rhaid i mi ddweud, rwy'n cytuno'n llwyr.

Arwydd o lwyddiant gwinllan Ancre Hill yw ei bod newydd ennill cystadleuaeth yn yr Eidal, a churo gwinoedd byrlymus o gwmpas y byd gan gynnwys champagne a hyd yn oed Bollinger! Nid yw hyn yn syndod pan edrychwn ar y ddaearyddiaeth a'r ddaeareg. Mae de-ddwyrain Lloegr tua'r un lefel â Champagne yng ngogledd Ffrainc a gyda'r un math o graig a hinsawdd.

Mae gwinllan addawol arall mor bell i'r gogledd â Phenygroes, ger Caernarfon o'r enw Pant Du ac mae safon ei seidr a'i gwinoedd yn dda iawn. Mae'n cymryd amser i winwydd aeddfedu ac rwy'n edrych ymlaen yn llawn cyffro at flasu mwy o'u cynnyrch yn y dyfodol. Pleser yw gweld pobl fentrus fel hyn yn credu'n llwyr yn yr hyn maen nhw'n ei wneud, ac yn ymroi'n llwyr i'r prosiect er mwyn creu cynnyrch o safon uchel.

ARMENIA

Pan af ar ambell wibdaith i Lundain i'r ffeiriau masnachol anferth i chwilio am win, mae'n anodd i unigolion sefyll allan yng nghanol cannoedd o gynhyrchwyr a gwerthwyr eraill. Ond fe gafodd un dyn o Armenia, gydag un gwin yn unig ar ei stondin, effaith arnaf yn syth. Lloriodd fi'n llwyr â'i ymateb pan ddywedais wrtho o ble roeddwn i'n dod.

Mae'r syniad o gynhyrchu gwin ym Mhrydain yn llai od erbyn hyn ac, yn wir, mae rhai o'r gwinoedd byrlymus gorau o Loegr a de Cymru yn gallu cystadlu yn yr un maes â champagne.

"Wales! We know Wales in Armenia. Small country, lots of mountains, not many people!" (Ac wedi'i dominyddu ers canrifoedd gan gymydog pwerus!) O fewn munudau roeddwn yn cynllunio siwrne i Armenia yn fy meddwl. Y noson honno roeddwn gartref, yr atlas yn fy nghôl ac yn chwilio am awyrennau i Yerevan.

Gall y wlad fach hon hawlio mai hi oedd un o'r gwledydd cynharaf i gynhyrchu gwin yn sgil darganfyddiad diweddar mewn ogof o gyfarpar cynhyrchu gwin yn dyddio 'nôl dros 6,000 o flynyddoedd. Roedd hyn yn gyffrous. E-bostiais y cynhyrchwr, Zorah, a daeth yr ateb yn ôl fod y gwanwyn yn adeg braf i ymweld, neu'r hydref efallai, pan mae'r ŵyl win leol yn cael ei chynnal. Ysgrifennais yn ôl yn esbonio bod fy opsiynau gwyliau yn gyfyng iawn – hynny yw, Chwefror! Roeddwn bron yn gallu clywed yr 'A!' o bryder yn yr e-bost ddaeth yn ôl: 'Rydych yn debygol o gael eira.' Gyda rhybuddion Llinos yn fy nghlust i beidio â mynd yn agos i'r ffin ag Iran, cychwynnais ar fy siwrne gyntaf i'r wlad ddiddorol hon ym mis Chwefror 2012.

Does dim ond un ffordd yn arwain i'r de ac yn fy nghar bach dilynais y tancars mawr yr holl ffordd i lawr i'r ffin ag Iran i weld y ffensys trydan. Ar y ffordd yn ôl trois oddi ar y brif ffordd i drac mwdlyd y pentref. Dim ond un siop oedd yno ac i mewn â mi i gael cyfarwyddiadau i'r winllan. Doedd dim llawer o Gymraeg, na Saesneg, ganddynt ac ar ôl rhyw chwarter awr o drio cyfathrebu roedd torf wedi hel o'm cwmpas i a'r car bach a phob un ar ei ffôn symudol. Yn y diwedd fe wnaeth boi clên iawn gyrraedd mewn hen Lada i'm hebrwng. Dilynais hwnnw allan o'r pentref dros gae mwdlyd. Cyrhaeddais y winllan lle roedd y boi'n byw mewn rhyw focs metel gyda'i gŵn. Roedd golygfa ysblennydd o'r gwinwydd yn diflannu i'r pellter ond dim ond sylfeini'r gwindy newydd welais yno. Ni welais, chwaith, ble roedd y gwin yn cael ei gynhyrchu. Ond diddorol gweld ei fod yn cael ei wneud mewn *amphorae* clai fel y rhai oedd yn cael eu defnyddio 6,000 o flynyddoedd yn ôl. Flwyddyn yn ddiweddarach, roeddwn i mewn stafell ryfedd, mewn gwindy yn Sicily, yn edrych ar resi o *amphorae* yn union yr un fath â'r rhai yn Armenia. Dyma gysylltiad diddorol tu hwnt a roddodd ryw deimlad cysurus o weld y ddolen gyswllt yma rhwng pobl a'u gwledydd.

Mae'n werth ehangu ein gorwelion i wledydd gwahanol ohcrwydd mac'n cdrych yn dcbyg crbyn hyn nad oes gwlad yn y byd lle nad oes rhywun yn rhoi cynnig ar wneud gwin. Mewn sesiwn flasu ddiweddar yng Nghlwb Gwin Gellifor cawsom win o Japan a Thailand ymysg eraill. Mae Tsieina yn datblygu i fod yn un o brif gynhyrchwyr y byd, a chredaf nad ydym eto wedi gweld llawn botensial Dwyrain Ewrop o bell ffordd. Fy mwriad yw mynd i Foldofa nesaf, ar ôl blasu eu cynnyrch yn sioe win Llundain, felly mae'n ddiddorol iawn gweld dyfodol yn y maes. Rwy wedi clywed si eu bod nhw'n gwneud gwin ym Madagasgar, a gweld bod fy hen nain a thaid wedi'u claddu yno. Trip bach arall ar y gweill?

HWNGARI A DWYRAIN EWROP

Taith arall o'r dyddiau cynnar pan orfodais Llinos i fynd ar wyliau yn yr eira ym mis Chwefror oedd y daith i Fwlgaria. Aethom ar yr awyren rataf a glanio mewn maes awyr milwrol yng nghanol y gwinllannoedd a'r eira yn 1993. Roeddem yn talu mwy o sylw i'r bwyd a'r golygfeydd nag i'r gwin ond allwn i ddim peidio â chwerthin yn dawel pan gawsom ein gweini yn y modd mwyaf proffesiynol a ffurfiol yn yr unig fwyty yn Veliko Tarnovo, â photel o win coch, a'r label yn dweud 'Sainsbury's Bulgarian Merlot'! Roedd hyn ar adeg pan oedd Bwlgaria yn cyflenwi rhai gwinoedd o safon eithriadol yn nyddiau cydberchnogaeth a daethon nhw i'r farchnad yn y 1970au gyda gwinoedd rhad da. Fe dorrodd dylanwad yr USSR a rhedodd y wlad allan o arian tramor i brynu cyfarpar a chasgenni, a hyd yn oed tanwydd i'r tractors. Er ei bod wedi cymryd tipyn o amser, mae'n edrych yn debyg bod gwinoedd Bwlgaria ar eu ffordd yn ôl erbyn hyn.

Yn fwy diweddar, cefais y cyfle i ymweld â Hwngari, gwlad sy'n cynhyrchu gwin rhad o safon uchel, o gwmpas Llyn Balaton ac, wrth gwrs, bydd pobl o oedran penodol yn cofio am win Bull's Blood. Ond nid dyna'r rheswm roeddwn i yno, ond ar gyfer un o winoedd o safon uchaf a hynaf y byd: Tokay. Roedd stori bod Catherine the Great yn cadw grŵp o *hussars* yn unswydd er mwyn trosglwyddo'r gwin arbennig iawn yma o Hwngari i'w llys yn St Petersburg.

Un o'r cyntaf i weld y potensial yn y farchnad fyd-eang i ailsefydlu clasuron y gwinoedd yma ar ôl i'r Llen Haearn ddisgyn oedd yr hybarch Hugh Johnson. Aeth i chwilio am y gwinoedd hudolus o enwog a rhoi cymorth i ddod â nhw'n ôl i sylw'r byd. Diolch i'w help a'i gysylltiadau, dyna lle roeddwn un diwrnod yn bownsio o amgylch un o'r gwinllannoedd unigryw yma sef y Royal Tokaji Wine Company, yn Mád, mewn hen jîp Rwsiaidd.

Ar ôl hynny, cawsom daith drwy selerau oedd yn llawn o'r gwinoedd yn aeddfedu. Wedi'i gwreiddio yn fy meddwl o hyd mae'r olygfa o'r hyn oedd yn edrych fel hen sgip yn llawn o resins (*raisins*), wedi'u hel fesul un, yn barod i wneud y gwinoedd melys hyfryd yma. Dyma sy'n rhoi melyster anhygoel i'r gwin a'r un pennaf a'r mwyaf gwerthfawr yw'r Essencia, sydd wedi ei wneud gyda'r *free run juice* o'r rhesins yma. Gallant gymryd degawdau i eplesu oherwydd eu bod mor llawn o siwgr. Yn ddiweddar, prynais boteli bach 'Alice in Wonderland' – dim ond 10cl am fwy nag £20 y botel!

Edrychaf ymlaen at deithio mwy i Ddwyrain Ewrop yn y dyfodol i weld y datblygiadau. Mae potensial aruthrol ac amodau daearyddol arbennig o dda mewn gwledydd fel Georgia, Moldofa a Rwmania, a byddaf yn edrych ymlaen at weld amrywiaeth ehangach fyth ar silffoedd y siop.

Bwydlenni

Pan fyddaf yn paratoi bwydlen byddaf yn edrych yn ofalus ar y cydbwysedd. Bydd llysieuwyr yn edrych yn ofalus am brotin yn eu prydau, felly rhaid cynnwys caws neu gnau iddynt yn un o'r cyrsiau. Ceisiaf beidio â rhoi hufen ym mhob pryd a byddai hyn yn werth ei ystyried wrth fynd ati i baratoi bwydlen. Bydd Llinos yn sylwi'n syth os oes cynhwysyn yn codi'i ben mewn sawl cwrs, felly byddaf yn galw ar ei llygaid hi i edrych, nid yn unig ar y sillafu ond ar gydbwysedd y fwydlen hefyd.

Parti Tapas

Olwynion eog a leim
Byns garlleg gwyllt
Tortilla Fina
Byrgyrs bach cig oen Cymreig
Olewydd
Cnau

Parti tapas ar gyfer diwrnodau cynnes. Mae cydbwysedd o bysgod, cig a thapas llysieuol yma. Does dim gormod o gaws a hufen ac mae ystod o flasau gwahanol o'r leim i'r mintys gyda'r byrgyrs yn rhoi asgwrn cefn i'r pryd. Gallwch roi'r tortilla ar dafell o fara Ffrengig ac mae hyn yn golygu bod y pryd yn mynd yn bellach. Yfwch win o Sbaen gyda hwn, efallai'r Verdejo o Rueda.

Gwledd

Canapes – Ancre Hill byrlymus
Terîn cyw iâr a ham – Sauvignon
Chowder cranc Pen Llŷn – Riesling
Cig oen Rioja – Rioja Reserva
Tarten bricyll ac oren – Muscat
Caws – Tawny Port

Tra 'mod i'n slafio yn y gegin ar Nos Galan, mae fy nheulu wedi penderfynu yn y ddwy flynedd ddiwethaf adlewyrchu gartref beth rwy'n arfer ei wneud yn y bwyty, sef gweini gwin gwahanol gyda phob cwrs. Mae'n hwyl i'w wneud, gyda phawb yn paratoi cwrs gwahanol ac yn dod â'r gwin. Dewiswch ganapes gweddol ysgafn fel yr Olwynion Eog a Leim a Lolipops Chorizo ac efallai bowleidiau o olewydd. Mae'r Chowder yn hufennog iawn, felly rhowch saws siarp gyda'r Terîn Cyw Iâr a Ham fel saws Cumberland. Wedyn, mae grefi tywyll y cig oen yn gyferbyniad da cyn y pwdin.

Picnic

Ers sawl blwyddyn, mae wedi bod yn draddodiad bach gen i i fynd â staff o'r bwyty am bicnic. Yn ogystal â brechdanau, mae'n braf cael pethau gwahanol i'w rhannu. Wrth gwrs, mae'n bwysig gwneud yn siŵr bod y bwyd yn hawdd i'w rannu ac i'w fwyta'n daclus â llaw. Does dim angen un yr un – ewch â chyllell i'w torri. Byddaf yn rhoi potyn bach o bicl afal i bawb gael ei ddefnyddio fel dip. Efallai fod y bastai bysgod yn swnio'n od ond mae wir yn flasus iawn yn oer. Roedd Mei, y mab, wedi mwynhau un yn ei focs bwyd unwaith.

Wrth gwrs, mae unrhyw siocled yn mynd i doddi mewn tywydd poeth, ond os torrwch y dafell siocled yn giwbiau a'u rhoi mewn bocs gyda phac rhew odano, mae'n cadw'n iawn i'w weini fel tamaid bach melys.

Ar bicnic, mae gwin ysgafn o ran alcohol yn braf: Prosecco neu Moscato Innocent Bystander fyddwn i'n ei ddewis.

Selsig Morgannwg
Ffagot
Pasten cyw iâr ac afal
Pastai eog a chorgimychiaid
Tomatos bach cyfan
Ciwcymbyr wedi'i dorri'n fatons
2 dwb blastig bach:
un tsiytni / un mayonnaise
Tafell siocled, ffrwythau a chnau
Twb plastig llawn mefus

Pryd Rhamantus i Ddau

Mae'r pryd yma'n ysgafn, gyda lliwiau hardd yn y salad i gychwyn. Does dim gwaith coginio anodd. Gwnewch y Bellini gyda Prosecco a bydd hwn yn berffaith i'w yfed gyda'r cwrs cyntaf hefyd. Byddai potel (neu, wrth gwrs, mae hanner potel yn handi iawn i ddau) o Vouvray yn mynd yn dda gyda'r cyw iâr.

Bellini i ddechrau
Salad pys siwgr snap, oren a chiwcymbyr
Cyw iâr, gyda saws cennin a Pernod
Mŵs siocled ac Amaretto

Cyflenwyr

Dyma restr o gyflenwyr y bwyd a diod sydd yn y llyfr, neu sydd â'u cynnyrch wedi'i ddefnyddio un ai yn y ryseitiau neu yn y lluniau.

Cwrw Llŷn
Gweithdai Nefyn, Ffordd Dewi Sant, Nefyn, Pwllheli, Gwynedd LL53 6EG
Ffôn: 01758 750243
www.cwrwllyn.com

Yr Ardd Fadarch
Glan Meirion, Nantmor LL55 4YG
Ffôn: 01766 890353
www.snowdoniamushrooms.co.uk

Selective Seafoods (Gareth Griffiths a Mary White)
Ffridd Wen, Tudweiliog, Pwllheli, Gwynedd LL53 8BJ
Ffôn: 01758 770397
www.selectiveseafoods.com

T. J. Roberts a'i Fab (Cigydd)
Stryd Fawr, Y Bala
Ffôn: 01658 520471
www.welshqualitymeat.co.uk

Roberts Brothers (Cigydd)
Y Sgwâr, Dolgellau, Gwynedd LL40 1PY
Ffôn: 01341 422619

Ultracomida (Chorizo a chawsiau Cymreig)
31 Pier Street, Aberystwyth SY23 2LN
Ffôn: 01970 630 686
www.ultracomida.co.uk

Popty'r Dref (Bara)
Ffos y Felin, Dolgellau, Gwynedd LL40 1ET
Ffôn: 01341 422507

Pant Du (Gwinllan a Pherllan)
Ffordd y Sir, Penygroes, Caernarfon, Gwynedd LL54 6HE
Ffôn: 01286 880806 / 875053
www.pantdu.co.uk

Ancre Hill (Gwinllan)
Ffordd Rockfield, Trefynwy, Sir Fynwy NP25 5HS
Ffôn: 01600 714 152
www.ancrehillestates.co.uk

Aerona Liqueur (Hazel a Gwilym Jones)
Rhedynog Isaf, Chwilog, Pwllheli LL53 6LQ
Ffôn: 01766 810387
www.aerona-liqueur.co.uk

Caws Cymru (Richard Harries a Theo Bond)
Uned 1, Wervil Grange, Pentregat, Llandysul, Ceredigion SA44 6HW
Ffôn: 01239 654800

Caws Cheddar Organig Hafod (Sam a Rachel Holden)
Holden Farm Dairy, Bwlchwernen Fawr, Llangybi, Llanbedr Pont Steffan SA48 8PS
Ffôn: 01570 493 283
www.hafodcheese.co.uk

Mynegai